Leopold von Beckh-Widmanstetter

Über Archive in Kärnten

Leopold von Beckh-Widmanstetter

Über Archive in Kärnten

ISBN/EAN: 9783744630764

Hergestellt in Europa, USA, Kanada, Australien, Japan

Cover: Foto ©ninafisch / pixelio.de

Weitere Bücher finden Sie auf **www.hansebooks.com**

ÜBER

ARCHIVE IN KÄRNTEN.

VON

LEOPOLD v. BECKH-WIDMANSTETTER.

WIEN 1884.
AUS DER K. K. HOF- UND STAATSDRUCKEREI

(Separatabdruck aus den Mittheilungen der k. k. Central-Commiffion für Kunft und hiftorifche Denkmale. Neue Folge, IX. und X. Band, 1883 — 1884.)

IN neuester Zeit fiel dem k. k Generalstabs-Bureau für Kriegs-Geschichte die Aufgabe zu, auf Grundlage der Acten-Schätze des Kriegs-Archives authentische Darstellungen der Kämpfe Oesterreichs zu publiciren. Die Kriege, in welchen der gröfste Heerführer Oesterreichs befehligte, traf die Wahl, die Reihe zu eröffnen. Schon die Vorarbeiten zu dem seit 1876 in neun Bänden vorliegenden grofs angelegten Werke: „Feldzüge des Prinzen Eugen von Savoyen", wiesen auf die Nothwendigkeit der Verbreiterung der Quellen-Forschungen, so sehr auch gerade diese Geschichts-Periode im Kriegs-Archive verhältnismäfsig reichlicher vertreten ist.

Dieser Wahrnehmung entsprang die Sorge, neue Quellen zu erschliefsen, was durch eine im Jahre 1873 begonnene allgemeine Durchforschung der wichtigeren Archive in der ganzen Monarchie eingeleitet wurde. Nicht allein die dem Staate gehörigen Archive und Regiftraturen kamen in Betracht, auch jene der Landschaften, wissenschaftlichen Institute, geistlichen Corporationen, Gemeinden, Herrschaften und alten Adels-Familien.

Letztere zeigten sich insofern mehrfach ergiebig, als bis beiläufig Mitte vorigen Jahrhunderts höhere Functionäre, damals ausschliefslich notablen Familien angehörend, die formell immer an ihre Personen stylisirten Amts-Acten auch nach beendeter Function als ihr Eigenthum behielten und dann als Zeugen ihrer öffentlichen Thätigkeit im Familien-Archive hinterlegt haben.

Schon im Jahre 1874 erhielt ich einen Antheil an diesen Arbeiten mit der Beschränkung auf Grätz und die nähere Umgebung. Damals hatte ich die Genugthuung, im Familien-Archive Seiner Excellenz des Grafen Leopold Pálffy-Daun Fürsten von Thiano, eine erfreuliche Entdeckung zu machen. Es fanden sich daselbst die reichlichen und stofflich werthvollen Amts-Acten eines hervorragenden Unterbefehlshabers der Eugen'schen Periode, des Vice-Königs von Neapel, Feldmarſchalls Wirich Philipp Grafen von Daun, Fürſten von Thiano,[1] welche dann in drei Partien zur Copiatur nach Wien geſendet wurden.

Dieſe erſte Umſchau brachte aus allen Theilen der Monarchie reichlichen Stoff ein, deſſen Sichtung und Bearbeitung eine Pauſe in den Bereiſungen bedingte.

Als dieſe Arbeitsflut abgelaufen war, erging im Frühjahre 1878 ein neuer Auftrag an mich, einige Archive der inneröſterreichiſchen Ländergruppe zu durchforſchen, allein in Folge der Occupation von Bosnien und anderer Behinderungen, kam es erſt in den Jahren 1880 und 1881 zur Bereiſung.

Bei derſelben bot *Steiermark* auſserhalb der Landeshauptſtadt nur eine geringe Ausbeute, ebenſo *Krain*, in welchem Lande übrigens nur Ein Archivs-Standort beſucht worden iſt.

Hinſichtlich der Steiermark erklärt dieſes geringe Ergebnis der Umſtand, daſs dieſes Land ſeit vielen Jahren von berufenen Kräften ſyſtematiſch durchforſcht worden iſt. Das Vertrauen, welches den Trägern dieſer Miſſion allmählig zugewendet wurde, führte zur Vereinigung namhafter Theile des vorher im Lande zerſtreut geweſenen geſchichtlichen Quellen-Materiales in dem natürlichen Centrale, dem von der ſteiriſchen Landſchaft mit grofsen Opfern erhaltenen, fachmänniſch geleiteten „*ſteiermärkiſchen Landes-Archive*",[2] welches auf dieſe Weiſe die Hauptquelle für die Geſchichte der Steiermark geworden iſt. Neben demſelben, den Regierungs-,[3] Bisthums- und Klöſter-Archiven, hat Steiermark nur mehr eine geringe Zahl von Privat-Archiven, welche in der Richtung meiner Forſchung untergeordneten Belang beſafsen.

Hingegen bot *Kärnten* reichliche Ausbeute; dies veranlaſste mich, die Zuſtände in den Archiven dieſes reizenden Landes zum Gegenſtande dieſer Erörterung zu machen.

Wohl gab es da vor nicht ſehr langer Zeit auf geſchichtlichem Gebiete ein reges Schaffen. Allein ſeit die Trias: Gottlieb Freiherr v. *Ankershofen*,[4] Dr. Karlmann *Tangl*[5] und Heinrich *Herrmann*[6] in das Grab geſenkt worden, iſt für

---

[1] † 1741. Er war der Vater des ſpäteren Siegers von Kolin, Feldmarſchalls Grafen Leopold Daun, deſſen handſchriftliche Hinterlaſſenſchaft gleichfalls in Stübing erliegt.

[2] Erſter Jahresbericht des ſteierm. Landes-Archives 1869.

[3] Umfangreich ſind die der Statthalterei-Regiſtratur affiliirten Acten der beſtandenen inneröſterr. Regierung (1615—1782) und Kammer (1564—1748), welche mit jenen der Hofkammeral-Regiſtratur vom Jahre 1404 an über 5000 Faſcikel umfaſſen.

[4] † Klagenfurt 6. März 1860. „Nachruf" an denſelben im Archiv für kärntniſche Geſchichte, VI. Jahrgang 1861.

[5] † als Univerſitäts-Profeſſor in Grätz, 12. November 1866. Nekrolog in Mittheilungen des hiſtor. Ver. f. Steiermark, 1867. XV. Heft, Gedenkbuch, XXIX bis XLVIII.

[6] † als Domherr von Gurk zu Klagenfurt. Gewiſs verdient *Herrmann* Anerkennung für die Dienſte, welche er der hiſtoriſchen Wiſſenſchaft geleiſtet hat, dafs er dort, wo bisher gar nichts vorlag, doch etwas gebracht hat; doch ſcheinen dieſe Dienſte als

die Aufhellung der mittelalterlichen und neueren Geschichte Kärntens faft nichts mehr geschehen. Das Intereffe der nach dem Abfcheiden diefer Männer mafsgebenden Gefchichtsfreunde des Landes blieb faft nur auf die Denkmale der Römer-Epoche befchränkt, die handfchriftlichen Ueberlieferungen des Mittelalters und der neueren Zeit wurden nur nebenbei beachtet.

Diefe Einfeitigkeit beruhte freilich zum guten Theile auf finanziellen Schwierigkeiten. Der kärntnifche Gefchicht-Verein, als einziger Vertreter der hiftorifchen Intereffen des Landes, verwahrte allerdings Haufen, ich fage Haufen von Urkunden und Acten, vermehrte fie noch nach Gelegenheit; allein es fehlte die ordnende Hand eines Archivars. Der Landtag verhielt fich den Bitten des Vereines gegenüber kühl und der Verein konnte aus feinen äufserft befchränkten Mitteln einen Archivar nicht erhalten; er blieb hinfichtlich der drängendften Arbeiten auf Volontaire (Notar *Frefacher*, P. Beda *Schroll* des Stiftes St. Paul) und auf fahrende Gäfte angewiefen. Zugegeben, dafs die Verhältniffe Kärntens zur gröfsten Sparfamkeit, zur Enthaltfamkeit von allen fogenannten exotifchen Ausgaben nöthigen, fo ift doch die Vorforge für einen Archivar eine folche, welcher fich das Land kaum mehr länger entziehen kann. Auch das Nachbarland Steiermark ift nicht reich, es gibt dennoch für Wiffenfchaft und Kunft jährlich circa 56.000 fl. aus, gegenüber welcher Summe der Aufwand Kärntens am beften gar nicht genannt wird.[1] In der Erkenntnis, dafs für Kärnten dringend etwas gefchehen mufste, hat die k. k. Central-Commiffion für Kunft- und hiftorifche Denkmale dem Gefchicht-Verein für Kärnten hilfreiche Hand geboten, auf ihre Koften einen Archivar aushilfsweife nach Kärnten entfendet, damit die dringendften Ordnungsarbeiten beforgt werden. Die Central-Commiffion ift aber kaum in der

---

Bahnbrecher — im Vergleiche mit jenen der beiden vorgenannten Manner — etwas zu hoch taxirt worden zu fein. Eine Forderung der Gerechtigkeit ift es, das Mafs richtig zu ftellen. Mit Bedauern mufs an diefer Stelle erwähnt werden, dafs Herrmann die Pflicht gewiffenhafter und gründlicher Benützung der Quellen nicht immer geübt hat. Jedem Hiftoriker wird es gefchehen, dafs ihn in dem einen und andern ein Nachfolger corrigirt. Bei Herrmann jedoch erdrückt die Häufigkeit der Correcturen beinahe das, was noch übrig bleibt. So ift es gar dahin gekommen, dafs manche behaupten wollen, Herrmann habe manchmal nur aus feinem Kopfe, nach augenblicklichen Infpirationen Gefchichte gefchrieben, beziehungsweife gedichtet, ein Anwurf, der meines Erachtens wohl das Ziel überfchieffen dürfte. Auch dem Verfaffer diefes Auffatzes find Irrthümer der Arbeit Herrmann's in nicht geringer Zahl dort und da aufgefallen, weshalb er hiemit eben nur gewarnt haben will, auf die *Autoritat* Herrmann's unbedingt zu bauen.

[1] Dem Gefchicht-Vereine für Kärnten obliegt es beiläufig, jene Aufgaben zu erfüllen, für welche in Steiermark das Landes-Archiv, das Antiken-Cabinet, die Landes-Bibliothek und der hiftorifche Verein beftehen. Abgefehen von den Koften für Unterkünfte und Beheizung, verausgabt die fteierifche Landfchaft jährlich für das Landes-Archiv 5470 fl., für das Antiken-Cabinet 2720 fl., für die Landes-Bibliothek 6000 fl., für den hiftorifchen Verein 525 fl., zufammen 14.715 fl. Diefem Aufwande gegenüber nimmt fich die Dotation des kärntnifchen Gefchicht-Vereines mit 500 fl. und dem Werthe der unbeheizten Wohnung im Landhaufe wohl allzu dürftig aus. Und diefe Gabe votirte der Landtag feinerzeit mit einer Majorität von — drei Stimmen!

Lage, diese Beisteuer auf längere Zeit zu leisten. Es wird sich
also das Land in nächster Zeit zu einer Beisteuer bequemen
müssen. Zweck dieses Berichtes ist es zugleich, dem Lande
nahezulegen, wie *unerläslich* eine ausreichende materielle
Unterstützung des Archivwesens in Kärnten *durch das Land,
die Gründung eines „kärntnischen Landes-Archives"* geworden *ist*.

Eben die dürftigen Umstände, unter welchen das Archiv-
wesen in Kärnten leidet, verschafften mir die Gunst, gelegentlich
meiner öfteren Besuche dieses Landes seit zehn Jahren, schon
einigemale jungfräulichen Archivboden zu betreten, so in
Wasserleonburg 1871 und 1872, in Millstatt 1874 hinsichtlich
eines vergessen gebliebenen und von mir entdeckten Archiv-
theiles,[1] dessen Bestand an Urkunden[2] und Acten[3] an das
k. k. geh. H. H. und Staats-Archiv in Wien kamen.

Allein nicht diese und andere Orte mit kleinen meist
nur ortsgeschichtlichen Beständen sind für die Vergangenheit
Kärntens ausschlaggebend. Abgesehen von den Archiven auf-
gehobener Klöster, von welchen aber meines Wissens auch nur
jene zu Victring und das minder belangreiche des Frauen-
Klosters St. Georgen am Längsee dem Lande vollständig
erhalten blieben, jenes der einstigen Abtei Arnoldstein noch an
die Landessammlungen abgegeben werden dürfte, ist gerade
von den wichtigsten Privat-Bewahrungsstätten kärntnischer
Geschichtsquellen eine dem Forscher bisher ganz, eine zweite
theilweise unzugänglich geblieben.

Hinsichtlich des historischen Werthes von Archiven treten
jene Sammlungen von Geschlechtern in den Vordergrund,
deren Abstämmlinge im Cabinete oder im Felde eine Rolle
spielten, solche von Herrschafts-Gebieten, welche gröfsere
Territorien vereinten, etwa auch Gränzherrschaften gegen
Gebiete fremder Landesherren waren. Von diesem Gesichts-
punkte besitzen für Kärnten nach seinem derzeitigen Umfange
eine geringe Zahl von Machtträgern und dann hauptsächlich nur
vier Herrschafts-Complexe des späteren Mittelalters Wichtig-
keit, sowohl vermöge der Ausdehnung ihres Besitzes, als der
mit demselben verbunden gewesenen Immunitäten, in Kraft
deren sie sich mit dem Landesherrn geradezu in die Regierung
Kärntens theilten. In so erlesener Machtfülle standen: die

---

[1] Vergleiche den Bericht des Freih. *v. Ankershofen*, ddo. 8. Juli 1857 im „Notizenblatt", 1857, VII, S. 331.
[2] Die älteste vom 5. December 1307. Es waren vorhanden aus dem 14. Jahrhunderte 17, aus dem 15. 94, aus dem 16. 79, dann aus der Zeit von 1601 bis 1761 9, zusammen 199 Urkunden.
[3] Dieselben gaben dem Bibliotheks-Director in Grätz, Professor Dr. Hans
v. *Zwiedinek-Südenhorst*, Gelegenheit zur Veröffentlichung der Schrift: Geschichte der
religiösen Bewegung in Inner-Oesterreich im 18. Jahrhundert, 1875.

Grafen von Görz, Pfalzgrafen in Kärnten und Vögte der Kirche zu Aquileja als Beherrfcher des weftlichen an Tyrol gränzenden Landestheiles;[1] die *Patriarchen von Aquileja*[2] und die *Erzbifchöfe von Salzburg*, welche beiderfeits bis an die Drau die kirchliche Obergerichtsbarkeit im Lande übten, während das letztgenannte Erzftift zugleich auch als weltlicher Herr, insbefondere zu *Friefach*, der Stätte fo vieler denkwürdiger Ereigniffe während des Mittelalters, dann im Gebiete der reichen Erzlager von *Hüttenberg*, vor dem unglücklichen Bündniffe mit König Matthias Corvinus von Ungarn auch zu *Gmünd* in Ober-Kärnten gebot; das *Hochftift Bamberg* in Franken, deffen Vicedom von feiner Refidenz Wolfsberg das ganze obere Lavant-Thal, die Stadt Feldkirchen an der Glan, die reiche mittelalterliche Handelsftadt Villach fammt den Märkten Tarvis, Malborghet und allem Lande bis zur Venetianer-Gränze regierte, durch des Stiftes reichen Bergwerkbefitz im Lavant-Thal und in Bleiberg auch auf Handel und Verkehr im Lande bedeutfamen Einflufs inne hatte;[3] endlich die *Grafen von Ortenburg*, welche das obere Drauthal in ihrer Gewalt hatten.

— In den Händen diefer, man kann mit vollem Grunde fagen, Potentaten, lag lange Zeit der ausfchlaggebende Einflufs im Kärntnerlande, in den Urkunden ihrer Archive ift darum auch ein namhafter Theil der Gefchichtsquellen von Kärnten geborgen.

Die Erhaltung und dann Vertheilung diefes hiftorifchen Materiales wurde durch die fpäteren Schickfale diefer Einzelherrfchaften beeinflufst.

Das Gebiet der *alten Ortenburger* war das *erfte*, welches

[1] Die Grafen von Görz, zu den mächtigften Dynaften des Mittelalters zählend, befafsen in Kärnten, benachbart ihrer reichsunmittelbaren Graffchaft Pufterthal, die Graffchaft Lurn, welche die Herrfchaft Lienz, das obere Drau- und das Mölltbal umfafste, dann die zahlreichen zur Pfalzgraffchaft gehörigen Güter, darunter faft das ganze Gailthal, die Refidenz Mosburg. Letztere verlegten fie fchon im 13. Jahrhunderte in den Mittelpunkt ihrer Befitzungen, in das Schlofs Bruck bei Lienz. Im Kriege des Jahres 1457 mufsten fie die Güter in Kärnten an den Kaifer cediren, erlofchen mit dem Grafen Leonhard 1500, worauf alle Befitzungen, die ihnen bisbin geblieben waren, an Oefterreich fielen. Ueber die Grafen von Görz fiehe das treffliche Werk des Geheimrathes Karl Freiherrn *v. Czoernig*: Görz, Oefterreichs Nizza, 1873, 2 Bände, welches ich für meine vorliegenden Ausführungen mehrfach zu Rathe zog.

[2] Das Patriarchat hatte auch, allerdings mäfsigen, weltlichen Befitz in Kärnten, und zwar nach der Urkunde Kaifer Friedrich II. vom 7. Auguft 1214 die Burgen von Treffen und Tiffen und einige kleinere Befitzungen. Vergleiche bei *Czoernig*: Görz, in der I. Abtheilung den Schlufs: „Der Patriarchenftaat Aquileja" S. 247—469. Im 14. Jahrhundert geboten zu Treffen fchon die Auffenfteiner.

[3] Die eigene Landesherrlichkeit der Salzburger und Bamberger Kirchenfürften hinfichtlich ihrer Befitzungen in Kärnten endete gemäfs der gefchriebenen Tractate zwar im Jahre 1535, wo beide mit dem öfterreichifchen Herrfcherhaufe die dann der kärntnifchen Landhandfefte (S. 188—225) einverleibten Staatsverträge fchloffen; allein in Wirklichkeit beftand diefe Unterordnung noch lange nicht. Die fpäteren Bamberger Bifchöfe erkannten den Vertrag von 1535 nicht an, es gab fortgefetzte Reibungen, bis als Ergebnis längerer Verhandlungen zu Wien am 20. December 1694 der „Receffus perpetuus oder Ewige Vergleich" zwifchen dem Kaifer als Herzog in Kärnten, dann dem Bifchofe und dem Capitel von Bamberg gefchloffen wurde, vermöge welchem letztere auf die bisher angefprochene landesfürftliche Obrigkeit und Jurisdiction zu Gunften des Kaifers förmlich entfagten.

nach der kaum 40 Jahre währenden Herrfchaft der Cillier 1456 an den Landesherrn fiel, dem diefer Heimfall, beziehungsweife das unpolitifche Auftreten des Grafen Johann *von Görz*, kurz darauf die Gelegenheit zu einer beträchtlichen Abrundung des Ortenburger Graffchafts-Gebietes bot. Die Urkunden bis zu diefer Zeit, und fo lang der Landesherr felbft im Befitze der Ortenburger Güter blieb, find ebenfo wie jene der 1500 erlofchenen, in der letzten Zeit in ihrem Befitze bereits ftark reducirten Grafen *von Görz* im *Staats-Archive zu Wien* verwahrt. Die Archivalien der Patriarchen von Aquileja möchte ich theils in *Görz* und *Udine*, in den dortigen erzbifchöflichen Archiven, theils in *Wien* fuchen; jene der Salzburger Herrfchaft über Friefach find zum gröfseren Theile ebenfalls im Staats-Archive zu Wien, der Reft im Archive der Landesregierung in Salzburg, in Kärnten felbft aber gar wenig davon;[1] die Archivalien des Hochftiftes *Bamberg* hinfichtlich der Befitzungen in Kärnten und in Ober-Oefterreich *blieben im Lande*, leider nur in Reften, getheilt im Schloffe Wolfsberg und im Landesgefchichts-Vereine zu Klagenfurt. Beide Theile wurden, wie mir fcheint bisher nur einmal, allerdings von einem Berufenen, dem Profeffor Dr. Karlmann *Tangl*, gründlich benützt; die Durchforfchung des in Wolfsberg zurückgebliebenen Theiles hat über Anfuchen des k. k. General-Commandos in Grätz Se. Excellenz das Herrenhaus-Mitglied Hugo Graf *Henckel v. Donnersmark* geftattet und bildet der Bericht über den umfangreichen Inhalt diefer zwei Archivtheile den Abfchlufs diefer Arbeit. Das Ortenburger Archiv, wie folches feit dem Beginne des 16. Jahrhunderts neuerdings allmählig angewachfen ift, wurde erft im Jahre 1880 als ein in wiffenfchaftlicher Beziehung *bisher völlig unangetaftetes* erfchloffen, wie im Folgenden dargeftellt werden wird.

Aufser diefen gröfseren Archiven kommen von den in Kärnten befindlichen noch zu nennen: das Archiv des kärntnifchen Landrechtes (nun k. k. Landesgericht) in Klagenfurt mit allerdings nur dürftigen Actenreften aus älterer Zeit; die Sammlungen alter Acten der k. k. Finanz-Landesdirection, der k. k. Berghauptmannfchaft in Klagenfurt;[2] das Archiv des Bisthums und des Dom-Capitels von Gurk, erfteres zu Klagen-

---

[1] Die Refte der bis ins 16. Jahrhundert zurückreichenden Regiftratur des falzburgifchen Berggerichtes von Hüttenberg, Lölling und Mofinz haben fich im freiherrlich Dickmann'fchen Schloffe Althofen noch erhalten. Die Berggerichts-Protokolle wurden jedoch an die k. k. Berghauptmannfchaft in Klagenfurt abgegeben.

[2] Dafelbft erliegen zahlreiche Berggerichts-Protokolle und Bergrechnungs-Bücher, u. a. das Berggerichts-Protokoll von Grofskirchheim beim Berggerichte Vellach vom Jahre 1490 ff.; die Bambergifchen Berggerichts-Protokolle für Bleiberg von 1546 an; die Berggerichts-Protokolle von Hüttenberg, Mofinz und Lölling vom Jahre 1572 an, doch mit mehrfachen Lücken; Bücher der Goldpocherei oder oberen Goldzeche zu St. Hartlmä bei Grofskirchheim. Ueber Forftcultur geben die zahlreichen Waldbereitungs-Protokolle Kundfchaft.

furt (ehedem Strafsburg),[1] letzteres zu Gurk; jenes der Benediktiner-Abtei St. Paul, vom Stifts-Capitular P. Beda *Schroll* geordnet und theilweife bearbeitet,[2] ebenfo die Acten-Sammlungen der Stadtpfarre zu Gmünd, von welcher lange Zeit das Erzpriefteramt für Ober-Kärnten verwaltet wurde; jene der in Kärnten zahlreichen Propfteien (in Friefach, Tainach, Gurniz, Kraig, Wieting); alle letztgenannten haben nur kirchliche und den Befitz betreffende Acten.

Auf Beftände adminiftrativer Kategorie ift auch befchränkt das Archiv der zur Hüttenberger Eifenwerks - Gefellfchaft gehörigen Güter, während das feft verriegelte, aber reiche, für die Befitzverhältniffe im Gailthale wichtige Archiv der Herrfchaft Wafferleonburg fchon etwas weiter ausholt; dasfelbe bietet auch Nahrung für die Gefchichte des Bergbaues und des Handels. Das ftattliche Archiv der Herrfchaft Bayrhofen bei Wolfsberg ift fchon geraume Zeit ins fteierifche Landes-Archiv nach Grätz gewandert. Unter den Gemeinden, welche Archive befitzen, find zu nennen: Althofen, Wolfsberg, Völkermarkt, Gmünd, Ober-Vellach. Das Archiv der ehemaligen Landeshauptftadt St. Veit ift verbrannt, die Archive von Friefach und Villach foll dasfelbe Schickfal ereilt haben. Von Archiven der Cavaliere und ihrer Güter kommen jene der Fürften Portia in Ortenburg, Rofenberg in Klagenfurt, der Grafen Chriftallnigg im Schloffe Eberftein, Dietrichftein zu Hollenburg, Thurn zu Bleiburg, Egger zu Treibach, Goëfs im Schloffe Ebenthal bei Klagenfurt, Lodron im Schloffe Gmünd, Widman v. Ortenburg im Schloffe Paternion in Betracht. — Jene von Rofenberg und Goëfs find fchon vor einigen Jahren refultatlos durchforfcht worden und follen nur Familien- und Adminiftrations-Sachen enthalten, bei den Fürften Rofenberg hinfichtlich der Güter Keutfchach, Feuerberg, Grafenftein, Greiffenburg, Höhenbergen, Loretto, Rechberg, Rottenftein, Sonnegg, Stein und Welzenegg; bei den Grafen Goëfs hinfichtlich der Güter Ebenthal, Bach, Pfannhof, Karlsberg Khreig, Treffen, Hohenftein, Liebenfels, Moosburg,[3] Niederdorf, Reichenau und Wimizftein.

Die Grafen Chriftallnigg haben zu Eberftein nur die vom jüngft verftorbenen Grafen Alfred emfig gefammelten Familien-Urkunden, und zu Mittertrixen Refte von Adminiftrations-Acten der Herrfchaften Trixen, Eberftein und Waifenberg; die Grafen Egger beider Linien find im ftaatlichen Leben meines

---

[1] Ueber das Archiv in Strafsburg vergleiche „Notizenblatt" der kaif. Akademie, 1857, VII., S. 332.
[2] Urkundenbuch des Stiftes St. Paul. Regeften des aufgelaffenen Chor-Herrenftiftes Eberndorf.
[3] Geburtsftätte Kaifer Arnulfs aus dem Stamme Karls des Grofsen, geboren 863, deutfcher Kaifer 887, † 29. November 899.

Wiffens nie hervorgetreten, haben defshalb wohl auch kaum mehr als die Adminiftrations-Acten der Güter mit den Mittelpunkten Treibach und St. Georgen¹ einer-, Ehrnegg, Griffen und Heunburg² anderfeits. Mit den Widman, Befitzern von Paternion, hat es diefelbe Bewandtnis. Graf Arco ift gegenwärtig im Gail- und Canalthale durch den Befitz der Herrfchaften Tarvis, Federaun und Khünegg wohl der bedeutendfte Grundbefitzer; allein feine Archive find meines Wiffens leer.

Das Archiv der erlofchenen Grafen v. Dietrichftein, Hollenburger Linie, vereint mit jenem der circa 3 Quadratmeilen landwirthfchaftlichen Befitzes umfaffenden Güter Hollenburg, Finkenftein, Landskron und Velden, befindet fich im Schloffe Hollenburg bei Klagenfurt und war 1880 wegen des feit dem Beginne der 1860er Jahre fchwebenden Erbproceffes nicht zugänglich. Dasfelbe foll viele werthvolle Documente, darunter auch Staatsfchriften der fo häufig mit den wichtigften Miffionen betrauten Dietrichfteiner enthalten, eine Vermuthung, welche ein mir zugänglich gewefenes Inventar unterftützt.

Das Archiv der ebenfalls erlofchenen fürftlichen Linie ift zu Nikolsburg in Mähren zu fuchen und derzeit im Befitze der Erben des Namens: Fürften *Mensdorff-Dietrichftein*.

Die zur Zeit ihrer Blüthe im 16. bis ins 18. Jahrhundert in vielftrahliger geiftiger Kraft und folidem Reichthume glänzenden *Khevenhüller* aus Villach, befitzen in Kärnten zwar noch die von ihnen erbaute Vefte Hoch-Ofterwitz, das Familien-Archiv ift jedoch von den zur Zeit der Gegen-Reformation ausgewanderten Angehörigen der Familie, zum Theile in das gräflich Giech'fche Archiv nach Schlofs Thurnau in Bayern gekommen, zum anderen Theile auf den Gütern der fürftlichen Linie zu Ladendorf in Nieder-Oefterreich und in Böhmen zu fuchen.³

Von all den hier genannten Archiven follen jene der Lodron in Gmünd, Thurn in Bleiburg, Portia in Ortenburg, endlich die noch erhaltenen Archivrefte aus der Zeit der bambergifchen Herrfchaft in Kärnten in diefer Reihenfolge eingehendere Würdigung finden.

[1] Das Archiv des aufgehobenen Frauenklofters St. Georgen am Längfee trat Graf Egger dem karntnifchen Gefchichtsvereine ab.
[2] Ja wenn die Urkunden der einft mächtigen Grafen v. Heunburg (Archiv, XIX. und XXV. Band, von Karlmann *Tangl*) noch da wären! Die kamen aber an die Cillier und von diefen an das Staats-Archiv in Wien, wo fie jedenfalls am beften geborgen find.
[3] Das unvergänglichfte Denkmal diefes Gefchlechtes ift das Werk des 1650 verftorbenen Grafen Franz Chriftoph Khevenhüller, die „Annales Ferdinandei" in 12 Banden. Ueber die Vergangenheit der Khevenhüller fiehe: Heinrich *Herrmann*: Die Khevenhüller in „Carinthia", 1854; — Dominik *Fiedler*: Die weiland Khevenhüller'fche Majorat-Graffchaft Frankenburg, 1860, 2 Theile; — Bernhard *Czerwenka*: Die Khevenhüller, 1867, 646 Seiten. — *Wurzbach*: Biographifches Lexicon.

Archiv im Schlosse Gmünd in Ober-Kärnten.

Gmünd, an der Strafse nach Salzburg gelegen, ist Hauptort des gräflich *Lodron*'schen Primogenitur-Fideicommifskörpers, umfassend gewisse Lehensgüter in Salzburg, dann die Herrschaften und adeligen Landsitze Gmünd, Leobenegg, Rauhenkatsch und Sommeregg im Lieser-Thale, Pflüglhof, Kronegg und Dornbach sammt dem Fercherhofe im Maltathale, die Eisenbergwerke zu Altenberg, in der inneren Krems und in der Peyer-Alpe, die Hüttenwerke sammt Hochöfen zu Eisentratten und Kremsbrücke, sämmtlich in Ober-Kärnten, mit einem landwirthschaftlichen Besitze von nahezu 27.000 Joch oder $2^7/_{10}$ Quadratmeilen.

Dieser Herrschaft, welche bis zum Jahre 1848 die politische und Gerichtshoheit im Bezirke Gmünd ausübte, steht noch das Patronat über die Curatien St. Johann in Leoben und St. Andreas in der Kremsalpe, dann neben dem Dechante von Gmünd das Mit-Patronat über die Pfarre Maltein im Malta-Thale zu.

Das uralte aus Süd-Tyrol, und zwar von den ihnen noch gehörigen Herrschaften Castellano, Castelnuovo und Castelromano bei Rovereit stammende Haus Lodron,[1] mit seinen zahlreichen Verzweigungen, die sich nun auf die österreichischen Länder und Bayern vertheilen, erlangte schon vom Kaiser Friedrich unterm 6. April 1452 mit Peter und Georg Lodron den Grafenstand, sammt den damals mit diesem Range verbundenen Freiheiten. Beide Brüder hatten Nachkommen, aber nur der Stamm des Georg hat sich bis heute erhalten und zahlreiche um Staat und Kirche verdiente Männer hervorgebracht. Einer der Nachkommen Peter's, Paris Graf von Lodron,[2] der staatskluge Kirchenfürst von Salzburg, wurde nicht nur der Wohlthäter des von ihm 34 Jahre lang weise regierten Landes, sondern auch seines Hauses. Ueberall gewahren wir die Hand des Erzbischofes in den Angelegenheiten seines Geschlechtes, der endlich nach dem Ankaufe der Raitenau'schen und anderer Güter zu und nächst Gmünd, mit der Widmungsurkunde vom 26. August 1637, das Lodron'sche Primogenitur-, ebenso 19. August 1653 das Secundogenitur-Fideicommiss gründete. Ersteres wurde dann durch die Gemahlin seines Bruders

---

[1] *Knefchke*, Deutsche Grafenhäuser der Gegenwart II. 47—50; Literatur in Knefchke's Adels-Lexikon V. 595—97.
[2] Geboren Castellano am 28. November 1586, 1619 Erzbifchof von Salzburg, gestorben Salzburg 5. December 1653. Der Historiker Johannes v. *Müller* rühmt die weise Haltung dieses bedeutenden Kirchenfürsten, dem es gelungen war, während Deutschland durch den 30jährigen Krieg zur Wüste wurde, seinem an den Gränzen der Bewegung gelegenen Lande den Frieden und somit den Wohlstand seiner Bewohner zu bewahren.

Chriftoph, Katharina, geborne Gräfin Spaur, insbefondere vermittelft des Ankaufes der Herrfchaft Sommeregg, der Waldungen von Rauhenkatfch und des Eifenbergwerkes in der Krems 1651, in der Hauptfache auf feinen gegenwärtigen Beftand abgerundet.

Das mit Rückficht auf den Bedarf geordnete, inventarifirte und fehr gut verwahrte Gmünder Archiv befteht aus zwei Theilen. Der erfte *(A)* umfafst circa 5—600 Stücke, welche der Lodron'fchen Primogeniturs-Lehen-Verwaltung in Salzburg im gegenwärtigen Jahrhunderte entnommen wurden. Sie enthalten in der Mehrzahl Documente zur Familien-Gefchichte und die wichtigeren Originale der Güter-Kaufs-Urkunden:

Das eigentliche Familien-Archiv ftellt diefe Sammlung jedoch nicht vor, denn dasfelbe wird — wie ich belehrt wurde — bei den Stammgütern in Süd-Tyrol, wahrfcheinlich zu Caftellano bei Rovereit verwahrt.

Der zweite weitaus gröfsere und nach Betreffen geordnete Theil *(B)* ift in mehr als 300 Laden vertheilt, Repertorien vermitteln die Ueberficht. Der Inhalt verbreitet fich auf die Erwerbung der Güter oder einzelner Theile, Rechtsftreitigkeiten um folche, den Betrieb der Berg- und Hüttenwerke, wie der Landwirthfchaft, Nutzung der Wälder etc., und auf die aus dem beftandenen Unterthans-Verband fliefsenden Agenden.

An Documenten von gefchichtlichem Intereffe fand ich aufser dem bereits erwähnten Grafen-Diplome vom Jahre 1452, dann einigen Familien-Verträgen aus den Jahren 1640, 1651 und 1652 hinfichtlich der füdtyrolifchen Güter noch folgende vor:

A. Nr. 33. 1361—1540. Urkundenbuch der Familie Lodron über gefchloffene Vergleiche, Befitzestheilungen, erhaltene Privilegien, doch nicht in chronologifcher Ordnung eingetragen. Pergamentbuch von 62 befchriebenen Folio-Blättern.

Nr. 58. 1548, 15. Juni, Halle. Churfürft Moriz von Sachfen anerkennt die im jüngft beendeten Kriege gegen den gewefenen Churfürften Johann Friedrich von Sachfen vom kaiferlichen Oberftftallmeifter Sigmund Grafen Lodron geleifteten Dienfte, nimmt ihn und feine Erben in feinen befonderen Schutz mit dem, dafs der jeweilig Aeltefte des Lodron'fchen Stammes als churfürftlicher Rath und Diener geachtet werden folle. Original-Pergament.

Nr. 501. 1573—1593. Sammelband in 4^0. mit Eintragungen von diplomatifchen Relationen in italienifcher Sprache, wahrfcheinlich vom Erzbifchofe Paris aus dem füdtyrolifchen Familien-Archive entnommen. Derfelbe enthält:

a) Relatione del clariffimo Signore Tomafo Contarini ritornato ambasciatore di Spaona l'anno 1593; 78 Blätter.

b) Relatione del clariffimo Marc' Antonio Barbaro ritornato Bailo della Republica di Venetia da Coftantino Poli. 1573; 73 Blätter.

c) Relatione dello ftato Forze[1] e gouerno del gran duca di Toscana. Ohne Jahr; 39 Blätter.

d) Relatione del clariffimo Signore Girolamo Lippomano ambasciatore della fer(eniffi)ma Signoria di Venetia appreffo il fignor duca di Sauoia l'anno 1573; 77 Blätter.

Nr. 60. 1616, 22. Februar, Madrid. König Philipp III. von Spanien ernennt den Grafen Nikolaus von Lodron zum Oberften über ein Regiment hochdeutfcher Kriegsleute. Original-Pergament.

Nr. 49. 1646, 27. Juli, Salzburg. Traƈtat zwifchen Erzherzog Ferdinand Karl als Regenten von Tyrol und dem Haufe Lodron, letzteres repräfentirt durch den Salzburger Erzbifchof Paris Grafen Lodron. Origl. Pgmt. In diefem Vertrage verpflichten fich die Grafen Lodron jedem Tyroler Landesherrn zu huldigen, entgegen wird ihnen die Steuerfreiheit hinfichtlich ihrer Herrfchaften Caftellano, Caftelnovo, Caftel Romano und Lodrono anerkannt; von ihren anderen Befitzungen haben fie die Steuern zu entrichten.

Nr. 436. 1649, 10. März, Wien. Kaifer Ferdinand III. ernennt den Oberften Prosper Grafen zu Arch (Arco) zum Obriften Veldtwachtmeifter über das Kriegsvolck zu Rofs mit 800 fl. Rh. Befoldung. Vidim: Copie.

Nr. 38. 1777, 24. Juli. Traƈtat zwifchen der Kaiferin Maria Therefia als Landesfürftin von Tyrol und dem Bifchofe von Trient Peter Virgil Grafen v. Thun-Hohenftein († 1800), womit mehrere die Verwaltung diefer Länder betreffende Differenzen ausgeglichen werden. Vidim: Copie.

Nr 505. 1808, 2. Oƈtober, Grätz. Erzherzog Johann von Oefterreich verftändigt den geheimen Rath Hieronymus Grafen Lodron, dafs ihn der Kaifer aus Anlafs der Errichtung der Landwehr zum Commandanten des Villacher II. Landwehr-Bataillons ernannt habe. Original.

B. Fach 56, Fasc. 78, Nr. 426. Aƈten über eine Feuersbrunft, welche im Jahre 1616 die Stadt Gmünd theilweife zerftörte.

Fach 61, Fasc. 83, Nr. 441. Miscellanea in Bezug auf die Proteftanten der Gegend zur Zeit der Gegenreformation Ferdinand II. In diefen Aƈten befindet fich ein Verzeichnis der-

[1] Fiorenze.

jenigen, die vom 26. Juni 1602 bis 26. Februar 1603 gebeichtet haben, und derjenigen, die es nicht thaten, fomit ausgewiefen wurden. Bekanntlich erhielt fich der Proteftantismus ungeachtet aller Verfolgungen in diefen Gegenden bis zu den Zeiten Kaifer Jofeph II. im Geheimen; dann trat er fofort öffentlich auf, wie die Aften über die Paftorate Fifchertratten und Eifentratten (Fach 99, Fasc. 121, Nr. 578) bezeugen.

Fach 89, Fasc. 112, Nr. 539, Fach 128 und 129, Fasc. 147 *a* und *b*, Nr. 653. Kriegsfchuldenfteuer-Repartitionen auf die Unterthanen nach Schlufs des fiebenjährigen Krieges.

Fach 97, Fasc. 119, Nr. 568. Ebenfalls Kriegsfteuerbeiträge.

Fach 108, Fasc. 131, Nr. 622, Fach 109, Fasc. 132, Nr. 623. Französifche Kriege 1796—1815. Faft alle Aften beziehen fich auf die französifche Occupation 1797—98 und die Leiftungen der Unterthanen für die französifchen Truppen.

Fach 109, Fasc. 132, Nr. 624. Aerarial-Obligationen für Getreide-Lieferungen während des Türkenkrieges 1788—89. Die Herrfchaft verzichtete auf die Geltendmachung der Forderung.

Fach 110, Fasc. 133, Nr. 625. Zollgegenftände, meift Generalien hierüber, von c. 1655 an bis Ende des 18. Jahrhunderts.

Fach 111, Fasc. 134, Nr. 629. Kriegsfteuerfachen während der Franzofenkriege 1797—1807.

Fach 112, Fasc. 135, Nr. 631. Fourage-Lieferungen an die französifche Armee, 1800 ff.

Fach 137, Fasc. 156, Nr. 667. Aften der Religions-Commiffion zur Zeit Maria Therefias in Verwaltungs-Angelegenheiten der Kirchen.

Archiv im Schloffe Bleiburg in Unter-Kärnten.

Gräflich Thurn'fche Fidei-Commifs-Herrfchaft, umfaffend die Güter Bleiburg, Streiteben, Rifchberghof und Sorgendorf mit den Patronaten über die Pfarre St. Jacob in 'der Mifs und Curatie St. Ulrich in Stroina, die Berg- und Hüttenwerke in Schwarzenbach und nächft Guttenftein, die Bierbrauerei in Sorgendorf. Das landwirthfchaftliche Areale umfafst über 10.000 Joch. Bis zum Jahre 1848 war mit diefem Befitze die Gerichtsbarkeit im Territorium von Bleiburg verbunden.

Die einft bedeutende Herrfchaft Bleiburg befafsen im 13. Jahrhunderte die mächtigen Grafen von Heunburg. Nach ihrem Ausfterben 1331 erbte der Gräfin Elifabeth Gemahl, Friedrich v. Auffenftein, die Burg und nahm hier feinen Sitz. Friedrich's gleichnamige Söhne empörten fich um 1368 wider die Herzoge Albrecht und Leopold von Oefterreich, wurden jedoch vor Bleiburg gefchlagen, auf Burg Strechau in Oberfteier gefangen gefetzt, ihre Güter eingezogen. Die Herrfchaft Bleiburg blieb nun landesfürftlich und wurde pflegweife verwaltet. Die Himmelberg, Schaumberg, Reichenburg werden unter den Pflegern genannt. Erzherzog Karl von Inner-Oefterreich verkaufte die meiften der pflegweife verliehenen Güter und bei diefer Gelegenheit kaufte Graf Johann Ambros Thurn 1584 das Amt Kappel, 1585 das Amt Stein im Jaunthal und endlich 1601 die Herrfchaft Bleiburg. Seit diefer Zeit ift Bleiburg im Befitze der Thurn.

Im Schloffe befinden fich zwei Archive,[1] das adminiftrative mit den Urkunden und Acten in den Unterthans-Angelegenheiten des ehemaligen Dominiums — dann, davon ftreng getrennt und gemeinfchaftlich mit den Familien-Kleinodien in feuerfeftem, trockenem, mit eiferner Thür und derlei Fenftern verfchloffenem Locale untergebracht, das *Familien-Archiv der Bleiburger und Radmannsdorfer Linie* des Haufes. Die Art der Verwahrung des Archives, mit deffen Ordnung und Eintheilung nach Perfönlichkeiten fich der im Jahre 1866 verftorbene Geheimrath und FZM. Graf *Georg Thurn* mehrere Jahre hindurch befchäftigt hat, zeigt, dafs die Familie weifs, was fie in ihrem Archive befitzt: einen Schatz, vermöge welchem die Grafen Thurn nachzuweifen vermögen, dafs ihr gefellfchaftlicher Rang von dem hiftorifchen Hintergrunde angemeffenen Auftretens im öffentlichen Leben beleuchtet wird.

Die Grafen *Thurn-Vallefaffina* gehören einem Stamme an, deffen Wurzeln in fernen Jahrhunderten eingegraben find, der fich im Laufe der Zeiten in faft allen europäifchen Ländern veräftet hat, um überall zu mafsgebendem Einfluffe zu gelangen, namentlich in Ober-Italien (Mailand, von wo fie ftammen, und Aquileja) und in Deutfchland.[2]

Bei flüchtiger Durchficht des ziemlich umfangreichen Archives, für welche mir nur drei Tage zur Verfügung ftanden, fand ich an Documenten gefchichtlichen Intereffes Folgendes:

A. *Nicolaus Graf Thurn*, 1528 Landeshauptmann in Krain,[3] 1529 Feldhauptmann an der kroatifchen Gränze.

---

[1] Ebenfo eine anfehnliche bis in die Gegenwart evident gehaltene und genährte Bibliothek, deren Beftände einen grofsen Saal des Schloffes füllen.
[2] *Czoernig*: Görz 676—686 und anderer Orten; *Dimitz*: Gefchichte von Krain *Bergmann*: Medaillen I. 158. 245 ff.
[3] *Dimitz*: Gefchichte von Krain II, 114 und 117, auch noch fpäter. Es kommen diefer Zeit zwei Thurn des Vornamens Niclas in Betracht, welche auseinander gehalten werden müffen. Der in den Mittheilungen der k. k. Central-Commiffion für hiftorifche Denkmale 1878, S. XXVIII, Notiz 92, genannte Niclas Thurn der Thurn-Hoffer'fchen Linie war im Auguft 1529 unter den Vertheidigern von Wien — der hier auftretende Niclas der Kärntner Linie zu diefer Zeit aber an der kroatifchen Gränze thätig.

1529, 7. Auguſt, Agram. Niclas von Thurn, Oberſter-Feldhauptmann an den kroatiſchen Gränzen, beantwortet das Schreiben des ſteiriſchen Landeshauptmannes Sigmund von Dietrichſtein vom 5. Auguſt. Die Sendung von Geſchütz und Geld wird urgirt, zugleich verbürgt ſich Thurn für die Verläſslichkeit und Treue des Bans von Kroatien, welcher ſich durch ein Anzeichen geringen Vertrauens ſeitens des Dietrichſtein verletzt fühle. Original-Papier.

B. *Heinrich Matthias Graf Thurn*, geboren 1567, † 1641 zu Pernau in Liefland, *der berufene Urheber der böhmiſchen Rebellion und des 30jährigen Krieges.* [1]

Mehrere Briefe an ſeine Verwandten aus den Jahren 1615—18 (aus ſpäterer Zeit keine), Proceſsſchriften in Beſitzangelegenheiten etc. — Dieſen liegen bei zwei politiſche Schriften.

a) 1584 „Argument oder Meinung deren ſo vnter pederla geſtaldt ſeindt wider die Khatholiſchen," ſammt der Gegen-Publication zu Wien am 18. Juni 1584. Abſchrift.

b) 1610, Inſtruction der mähriſchen Stände für ihre an das Hoflager des Königs Matthias abgeordneten Geſandten Hieronymus Wenzel[2] Grafen Thurn und Friedrich Freiherr von Teuffenbach (zu Mayerhofen).[3] Original in böhmiſcher Sprache mit 32 aufgedrückten Siegeln der Ständeherren.

C. *Veit Heinrich Graf Thurn*, ſtändiſcher Verordneter in Mähren, Theilnehmer an den Wirren von 1618—20, dieſerwegen gefangen, dann begnadigt. Lebte noch 1632 zu Iglau.

Mehrere Correſpondenzen vor der Rebellion; die Copie des Abſageſchreibens ſeiner Gemahlin Suſanna, geborne Freiin von Teuffenbach (Mayerhofen)[4] ddto. Brünn 18. Februar 1620 in Folge liebloſen Betragens; Majeſtätsbitte der letzteren, um Wahrung ihrer Vermögens-Anſprüche per circa 32.000 fl., als Graf Veit Heinrich vom Cardinal Dietrichſtein verhaftet, auf den Spielberg gebracht und ſein Vermögen eingezogen worden war; endlich die Copie einer Beſchwerde des Grafen über erlittene Unbilden, nachdem derſelbe bereits wieder begnadigt geweſen, ddto. 2. September 1622.

[1] Charakteriſtik desſelben bei *Gindely*: Geſchichte des dreiſsigjährigen Krieges I. Theil, I. Band, S. 88—92. u. a. O. mehr. — Porträt in Khevenhüllers: „Conterfet Kupferſtich," Appendix der „Annales Ferdinandei".
[2] Bruder des Heinrich Matthias.
[3] Er war der Sohn des im Türkenkriege bewährten kaiſerlichen Feldmarſchalls Freiherrn Chriſtoph von Teuffenbach († 1598), Bruder des durch Schillers Dichtung „Wallenſtein" populären Feldmarſchalls (Rudolph) Tiefenbacher († 1653); ſelbſt befehligte er 1619 und 1620 den mähriſchen Zuzug der böhmiſchen Revolutionsarmee, wurde gefangen, 1621 zu Innsbruck enthauptet.
[4] Schweſter des oben genannten Friedrich v. T.

D. *Hans Ambros Graf Thurn*, geboren 1537, † 14. September 1621, 1583—92 Landeshauptmann in Krain, von 1592 bis circa 1606 Hofmarschall und vertrauter Rathgeber der Erzherzogin Maria, Witwe Erzherzogs Karl von Steiermark, Mutter Kaiser Ferdinand II.; auch geheimer Rath. Kinderlos, widmete er dem Sohne seines Bruders seine Güter und wurde so der Urheber der bestehenden Familien-Fideicommiſſe.

Von diesem sind vorhanden: 14 Handschreiben der Erzherzogin Maria in verschiedenen Betreffen an den Grafen und an deſſen Gemahlin Salome geborene Gräfin Schlick. Acht Handschreiben und Erläſſe Ferdinand II., theilweise mit eigenhändigen Zusatzen oder ganz eigenhändig. Auch von anderen Mitgliedern des Erzhauses sind einige Briefe vorhanden.

E. *Achaz Graf Thurn*, kaiserlicher Rath und innerösterreichischer Hofkriegsrath. — 1592, 27. October und 5. November. Erzherzog Ernst verständigt den kaiserlichen Rath Grafen Achaz von Thurn, dafs er ihn dem neuernannten Oberstlieutenant[1] der bevorstehenden Kriegs-Expedition wider die Türken, Markgrafen Karl zu Burgau[2] als Berather beigegeben habe und fordert ihn auf, diesen Posten anzutreten. Beide Stücke Originale.

F. *Jobſt Joseph Graf Thurn*, kaiserlicher Kriegsrath, 1566 Oberster Hauptmann der Uskoken, später General an der kroatischen Gränze, diente bis zu seinem Tode 1589.

a) Correspondenz wegen Bezahlung, Verpflegung und Montirung des mährischen Kriegsvolkes und anderes Einschlägiges.

b) „Mein Jobſt Josephen Grafen und Freiherrn vom Thurn, Generall Obristen Crabatischer und Meergranitzen Empfang und Aufsgab Regiſter..... auff notturfft des mir anbevolchenen Granitz Wesens", 1 Band für das Jahr 1583, 2 Bände für 1584, alle Folio und voluminös.

G. *Franz Graf Thurn*, geboren 1718, † 1766, k. k. geheimer Rath, Kämmerer, Feldmarschall-Lieutenant und Oberst-Kämmerer des Grosherzogs Leopold von Toscana (späteren Kaisers).

Ihn betreffen u. a. folgende Fascikel:

1. Anstellungs-Decrete, Belobungen etc.

2. Militärisches — das Commando des Cüraſſier-Regimentes Erzherzog Ferdinand betreffend —, Schriften über den siebenjährigen Krieg, darunter ein Original-Schreiben des

---

[1] Das heifst hier Stellvertreter des Oberbefehlshabers.
[2] Karl v. Burgau oder auch Karl v. Austria, als Sohn des Erzherzogs Ferdinand von Tyrol mit Philippine Welser, geb. 1560, † 30. October 1618.

Feldherrn Herzogs Karl v. Lothringen, Entwürfe zu Exercier-Reglements für das Fufsvolk und die Reiterei.

3. Aƈten und Correspondenzen, die Auswechslung der österreichischen und preusfsischen Kriegsgefangenen betreffend, 1758—59.

4. Privat-Correspondenz-Protokoll des Grafen in derselben Angelegenheit, 1758—59, interessant hinsichtlich der Privat-Verhältnisse der in Kriegsgefangenschaft gerathenen Officiere.

5. Schriftenwechsel zwischen der k. k. und königl. preufsischen Auswechslungs-Commission vom Jahre 1758 und 1759.

8. Verschiedene Aufsätze, theilweise die Erziehung des Erzherzogs (späteren Kaisers) Leopold betreffend.

9. Briefe an den Grafen Franz. (Die der Kaiserin Maria Theresia sind bei jenen an seinen Bruder Anton angeführt, liegen auch bei diesen.)

a) Eigenhändiges auszeichnendes Handschreiben Kaiser Joseph II. vom 4. November 1765.

b) 24 durchaus eigenhändige Briefe des späteren Kaisers Leopold II. an seinen Ajo, dabei auch noch einige Concepte Leopold's.

c) Einige Briefe der Erzherzoge Ferdinand und Maximilian, des Herzogs Karl von Lothringen, des Herzogs Clemens von Sachsen, Bischofs zu Freysingen.

d) 25 Briefe des Herzogs Albert v. Sachsen-Teschen, theilweise über kriegerische Vorkommnisse, vom März 1761 bis December 1765.

e) Eigenhändiges Schreiben König Friedrich II. von Preufsen ddto. 4. Oƈtober 1758.

f) Verschiedene Schreiben von Würdenträgern, Achtungsbezeugungen persönlicher Natur enthaltend — darunter solche von Kaunitz, Daun, Loudon.

H. *Anton Graf Thurn,* geboren 1723, † Holeschau in Mähren 1806; war März 1759 Major und Flügel-Adjutant beim F. M. Daun, dann Oberst-Lieutenant im Regimente des Prinzen Albert von Sachsen-Teschen, wurde 1761 Oberst, Mai 1765 General zu Pferd, 1767 Feldmarschall-Lieutenant bereits in der Dienstleistung des Grofsherzogs von Toscana, 1771 Capitain der toscanischen Nobelgarde und Oberst-Hofmeister des Grofsherzogs von Toscana, 1773 Inhaber eines Cürassier-Regiments, 1775 Inhaber des bishin Feldmarschall-Lieutenant Buttler'schen Infanterie-Regiments, 1778 Ehrenmitglied der Akademie der Wissenschaften in Chalons, 14. November 1782 Ritter vom goldenen Vliefs, 1790 Oberst-Hofmeister der Kaiserin Louise, welche im Mai 1792 starb, 28. April 1792 Feldzeugmeister, in welcher Stellung er dann in den Ruhestand

trat. Graf Anton war auch geheimer Rath, ebenſo einſt Vice-Ajo der Erzherzoge Ferdinand und Maximilian.
Von ihm ſind vorhanden:
1. Gedanken zur Erziehung („Mes penſées ſur l'éducation") im Mſcpt.
2. Zahlreiche Briefe an ihn, u. z.
a) an ihn (und ſeinen Bruder Franz) circa 50 meiſt eigenhändige Handſchreiben der Kaiſerin Maria Thereſia, in der Mehrzahl die Erziehung der Söhne der Kaiſerin betreffend;
b) 7 Handſchreiben des Kaiſers Joſeph II.
c) zuſammen mehr als 500 durchgängig eigenhändige Handſchreiben in franzöſiſcher Sprache des Groſsherzogs Leopold von Toscana, ſpäteren Kaiſers Leopold II. aus den Jahren 1782—92;
d) von der Groſsherzogin, nachmaligen Kaiſerin, bei 15 Handſchreiben;
e) 3 Handſchreiben des Kaiſers Franz II.;
f) Handſchreiben der Erzherzoge Ferdinand und Maximilian, je circa 25;
g) Handſchreiben auswärtiger Fürſten, u. zw. vom Herzoge Albert von Sachſen-Teſchen aus den Jahren 1761 bis 1782, circa 50; vom Churfürſten Clemens von Trier, Prinzen zu Sachſen 1763—1777, 9 Stück; von der Markgräfin Caroline von Bayreuth, geborenen Herzogin von Braunſchweig-Wolfenbüttel 13 Stück;
h) Briefe notabler Zeitgenoſſen, ſo vom Staatskanzler Kaunitz, den Marſchällen Lascy und Haddik, den Cardinälen Aqui und Bernis, u. a. m.

I. *Franz Graf Thurn*, Artillerie-General, fiel in dem Gefechte bei Giurgewo am 8. Juni 1790. Von ihm ſind von Staats- und militäriſchem Intereſſe nur die drei in Abſchrift beifolgenden Stücke vorhanden:
1779, 18. September. Decret, die Anlage von Saliter-Plantagen betreffend;
1790, 10. Juni. Condolenz-Schreiben des Prinzen von Coburg über den Tod des Generals an die Witwe, Maria Anna geb. Gräfin Sinzendorf, † 1842.
1790, 15. Juni. Schreiben des Adjutanten an die Witwe über die Umſtände des Todes ihres Gemahls.

K. *Georg Graf Thurn*, geboren 1788, † 9. Februar 1866, wurde in der Kriegs-Periode 1813—15 Thereſien- und Leopold-Ordens-Ritter. war als Major vom Mai bis Oktober 1818 Geſchäftsträger der kaiſerlichen Botſchaft in Petersburg, 1820 bis 23 kaiſerlicher Geſandter in Stuttgart, 1848—49 Corps-

Commandant in Italien, wurde Commandeur des Therefien-Ordens, war zuletzt Feldzeugmeifter und Geheimer Rath; nach feiner Penfionirung wurde er 1861 Mitglied des Herrenhaufes und Landes-Hauptmann in Kärnten.

Von ihm find fehr viele Schriften in diplomatifcher, militärifcher und volkswirthfchaftlicher Beziehung vorhanden, darunter:

1. Anftellungen, Auszeichnungen, Special-Sendungen (in einer folchen Handfchreiben des Kaifers Franz vom Jahre 1821);
2. Concepte der diplomatifchen Correfpondenz in feiner Eigenfchaft als öfterreichifcher Gefchäftsträger am kaif. ruffifchen Hofe, Mai bis October 1818;
3. einige wenige Actenftücke in feiner Eigenfchaft als aufserordentlicher Gefandter und bevollmächtigter Minifter am königl. Württemberg'fchen Hofe, Juni 1820 bis Juni 1823 (meiftens Erläffe oder Briefe des Staats-Kanzlers Fürften Metternich);
4. Schriften und Briefe von Zeitgenoffen (Kameraden) über die Kämpfe in Italien und Ungarn 1848 und 1849;
5. Correfpondenz mit dem deutfchen General Willifen über deffen „Theorie des grofsen Kriegs," dabei berichtigende Bemerkungen zu dem officiellen Werke über den Feldzug 1848 in Italien rückfichtlich des III. Armee-Corps, letztere 10 Folio-Blätter umfaffend;
6. mehrere militärifche Manufcripte aus der Zeit von circa 1820—40, darunter

a) Entwurf einer Organifation der Landesvertheidigung in Tyrol aus dem Jahre 1836, fammt nachträglichen Bemerkungen (Thurn war damals General-Major und Brigadier in Tyrol);

b) Gedanken über die zweckmäfsigfte Art der Truppenübungen, Vorlefungen über Taktik etc.;

c) ftrategifche Ueberficht des öfterreichifchen Kaiferftaates;

d) aus den 1850er Jahren: Vorfchläge über Einfchränkung der Prügelftrafe.

Archiv zu Burg Spittal an der Drau,

Refidenz der (im Mittelalter bis 1456 reichsunmittelbaren) Graffchaft Ortenburg.

Die Bedeutung der Graffchaft fufst auf der Ausdehnung ihres Gebietes und den damit verbunden gewefenen Hoheits-Rechten. — In Betreff diefer Ausdehnung möchte ich hauptfächlich drei Perioden unterfcheiden: 1. die reichsunmittelbare Graffchaft bis zum Heimfalle nach dem Erlöfchen der Cillier,

1456; 2. die Graffchaft im Befitze des Landesherrn, 1456 bis 1524; 3. diefelbe feither und ohne eigene Landeshoheit.

In der *erften* Periode erftreckte fich das Graffchafts-Gebiet vom Zufammenfluffe der Drau und Möll unweit Sachfenburg in einer Länge von 5 Meilen längs der Drau bis Rennftein bei Villach, und in einer wechfelnden Breite. Allmälig erwarben fich die Grafen auch aufserhalb diefes arrondirten Gebietes [1] bedeutende Befitzungen, namentlich in Krain, im Jahre 1330 auch die Graffchaft Sternberg bei Villach. Die Urkunde des Grafen Friedrich von *Ortenburg* vom 24. November 1377 verzeichnet folgenden Befitzftand:

In *Kärnten*: Ortenburg als Hauptfitz mit den Schlöffern Hohenburg (am Hünersberg), Sommereck (nächft dem Millftätter-See, gewöhnlich Sitz der verwitweten Gräfinnen), Kellerberg, Schwarzenftein, der Markt und die Mauth Spittal, die Graffchaft Sternberg bei Villach, Schlofs Steyerberg zwifchen den Flüffen Gurk und Glan öftlich vom Bade St. Leonhard bei Himmelberg, zwei Landgerichte im Gailthal, die Vogtei über das Klofter Offiach; in *Krain:* die grofse Herrfchaft Reifnitz (an der kroatifchen Grenze, wo die Grafen öfters wohnten) Zobelsberg (bei Weixelburg), Grafenwerd, Pölland, Altenburg, Weineck, Egg, Falkenburg, Gottfchee (welche Gegend durch die Ortenburger urbar gemacht wurde), in *Oberkrain:* Waldenberg (nächft Radmannsdorf), Radmannsdorf, Nieder- und Ober-Stein, Orteneck; in *Steiermark*: zwei Landgerichte bei Neumarkt.

In der Hauptfache traten die *Cillier* 1418 diefen Beftand an und überliefsen folchen 1456 wieder weiter an den Landesfürften kraft der Verträge, die zu Wiener-Neuftadt am 16. und 17. Auguft 1443 Kaifer Friedrich III. mit den Grafen Friedrich und Ulrich von Cilli fchlofs. Ungeachtet diefer Verträge, vermöge welcher beim Ausfterben der Cillier deren Graf- und Herrfchaften an den Kaifer heimfallen mufsten, fchloffen die Cillier doch auch noch mit Anderen gegenfeitige Erbverträge, und zwar 1450 hinfichtlich der Graffchaft Sternberg mit den Herren von Liechtenftein zu Murau, hinfichtlich der Graffchaft Ortenburg, abgefehen von dem früheren Vertrage des Jahres 1437, nochmals im Jahre 1455 mit den Grafen von Görz und brachten durch diefe Doppelfeitigkeit die beiden genannten Gefchlechter in eine recht unbehagliche, für diefelben mit erheblichem Schaden verbundene Stellung gegenüber dem an Macht weit überlegenen Kaifer.

---

[1] Vergleiche die dem I. Bande von *Herrmann's* Handbuch der Gefchichte des Herzogthums Kärnten beigegebene Karte diefes Landes für das Ende des Mittelalters.

Die *zweite* Periode brachte demzufolge gleich im Anfange gröfsere Veränderungen. Graf Johann von Görz, Pfalzgraf in Kärnten, geftützt auf die mit den Cilliern gefchloffenen Erbverträge von 1437 und 1455 unternahm es, feine Erbanfprüche auf Ortenburg wider den Kaifer mit Waffengewalt durchzufetzen. Er wurde aber befiegt und bemüffigt, gemäfs eines vorläufigen Uebereinkommens im Jahre 1457, mit dem Vertrage vom Jahre 1460 alle feine Länder diesfeits der Lienzer Klaufe dem Kaifer abzutreten.[1]

Lienz löfte Graf Johann gegen eine hohe Summe wieder zurück, das übrige blieb dauernd verloren, und das war fehr viel. Von diefen an den Kaifer gefallenen Gütern, wurde der Graffchaft Ortenburg das einft zur Graffchaft Lurn gehörige obere Drauthal (Ober-Drauburg, Flafchberg) und das Möllthal, dann die zur Pfalzgraffchaft von Kärnten gehörigen weitläufigen Befitzungen im Gailthale einverleibt, entgegen aber faft alle von Ortenburg local getrennten Befitzungen, zumal die in Krain gelegenen, abgetrennt, ebenfo vom kärntnerifchen Gebiete: Sternberg, Paternion und das meifte, was öftlich davon lag.

Die *dritte* Periode leitet der Lehenbrief ein, kraft welchem zu Nürnberg 10. März 1524 Ferdinand Erzherzog von Oefterreich und Infant von Spanien „vns vnd vnferm Haufs Oefterreich *an vnfer Obrigkhait* „…*in allweg vnuergriffen* vnd vnfchädlich", dem feit feiner Jugend bei ihm in Dienften ftehenden Gabriel von Salamanca die Graffchaft Ortenburg fammt allen dazu gehörigen Gütern, als ein dem Haufe Oefterreich dienendes Mannslehen mit der Ermächtigung verlieh, die dermal anderwärtig verfetzten Beftandtheile der Graffchaft von dem betreffenden Pfandinhaber auszulöfen.[2] Als zur Gräffchaft gehörig find in diefem Lehenbriefe aufgeführt, im Drauthale: die Ortenburg mit den dazu gehörigen Aemtern und Sommereck, Markt und Mauth Spittal, Schlofs, Markt und Mauth Ober-Drauburg, die Schlöffer Stein und Wernberg, Aemter bei Afritz; im Möllthale: die Herrfchaft Falkenftein, das Amt Grofs-Kirchheim, die Mauth zu Winklern, die Mauth und der Auffchlag zu Ober-Vellach; im Leffach- und Gailthale: die Herrfchaften Pittersberg, Goldenftein und Grünburg, die Mauth zu Mauthen unter dem Kreuzberg; hiezu kommen noch die Landgerichte fammt dem Blutbann, das Bergregale, die Jagd- und Fifchereirechte, letztere insbefon-

---

[1] Der Witwe des Grafen Heinrich von Görz, Gräfin Katharina, wurde der lebenslängliche Genufs der zwei Schlöffer Grünburg und Moosburg vorbehalten.

[2] Nach einem Verzeichniffe beiläufig aus dem Jahre 1614 verwendete Gabriel zur Auslöfung der verfetzten Graffchaftstheile 24.927 fl. 4 kr. Rheinifch und 700 ungarifche Gulden, von welch letzteren damals einer beiläufig für 2 fl. Rheinifch gerechnet worden ift

dere beim Ein- und Auslaufe des Millſtätter Sees, dann in
der Drau von der Möllbrücke unter Sachſenburg bis zum
Gebiete der Stadt Villach; endlich der Lehenhof von Ortenburg, die Vogteien und Patronate.

Von dieſem Güterbeſtande fielen ab zur Zeit der Sala-
manca: die Herrſchaft Wernberg und die Beſitzungen im
Möllthale bis auf die Mauth in Winklern; zur Zeit der
Widmann: Sommereck, für letzteres kamen entgegen Flaſchberg und mehrere kleinere Objecte herzu. Vom Jahre 1662
herwärts blieb der Beſitz conſtant, und zwar in Kärnten aus
den Herrſchaften Ortenburg, beziehungsweiſe Burg Spittal,
Afritz, Ober-Drauburg,. Flaſchberg im Drau-, Pittersberg,
Goldenſtein, Grünburg und Möderndorf im Gailthale mit 14
Patronaten und bei 70 Vogteikirchen. Bis zum Jahre 1848
übte die Grafſchaft die politiſche Verwaltung faſt in der
ganzen heutigen Bezirkshauptmannſchaft Hermagor und in
einem ſtattlichen Theile der Bezirkshauptmannſchaft Spittal.
Die Gerichtsbarkeit erſtreckte ſich auf die Landgerichte
Burg Spittal, Afritz, Ober-Drauburg im Drau-, Pittersberg,
Goldenſtein und Grünburg im Gailthale, in einem Territorium,
welches dem heutigen Umfange von 3 bis 4 Bezirks-
Gerichtsſprengeln entſprechen dürfte.

Bei der ſpäteren Ablöſung der Lehen ſchloſſen ſich
auch die Acten des ſtattlichen Ortenburg'ſchen Lehenhofes.
Es blieben nur mehr der rein landwirthſchaftliche Beſitz,
welcher aus mehr als 25.000 Jochen ($2^1/_2$☐Meilen) productiven
Bodens beſteht, ſüdlich an Venedig, weſtlich an Tyrol grenzt.
In *Krain* gehören ſeit dem Beſitze der Portia zur Grafſchaft die
grofsen Herrſchaften Prem und Senoſetſch, dann das Gut
Radlſegg am Karſt, ſammt Patronaten und bis 1848 den Land-
gerichten bei beiden Herrſchaften.

Zu den bereits angeführten Hoheiten der Grafſchaft
gehörten noch alle jene Vorrechte, welche aus der
Comitiva major floſſen, mit welcher die Salamanca (Diplom
vom Jahre 1522), Widmann (1. Auguſt 1640) und Portia
(17. Februar 1662) ausgeſtattet waren. Demgemäfs hatten die
Grafen das Recht zu adeln und die Comitiva minor zu
ertheilen, mit derſelben Wirkung, als wenn dies der Landes-
fürſt ſelbſt gethan hätte. Dieſes Vorrecht iſt ſchon im Jahre
1753 erloſchen. Der Abglanz alter Herrlichkeit beſteht jetzt
nur mehr in der erblichen Mitgliedſchaft vom Herrenhauſe des
öſterreichiſchen Reichsrathes für den jeweiligen Fürſten Portia
als Grafen zu Ortenburg.

Abgeſehen von der verhältnismäfsig kurzen Zeit, welche
die Habsburger als Landesfürſten in Kärnten im Eigenbeſitze

der Graffchaft gewefen find,[1] ftanden ihr nur fünf Gefchlechter als Herren vor. Urfprünglich die reichsunmittelbaren mächtigen Grafen von *Ortenburg*, eine Dynaftie, welche verläfslichen Forfchungen gemäfs ihre Herkunft von den Grafen von Leoben in der Weife ableitet, dafs Friedrich (urkundlich im Jahre 1058 feftgeftellt) der Stammvater der Grafen von Ortenburg, Friedrich's Bruder Siegfried Graf im Lavant-Thale († 1064) der Stammvater der Herzoge von Kärnten des Haufes Sponheim wurde. Auch nach dem baldigen Ausfterben der letzteren Linie und dem Wechfel der Herrfchaft in Kärnten, erhielt fich die Bedeutung der Ortenburger durch ihre Verwandtfchaft mit den neuen Herren, der Dynaftie Görz-Tyrol und dem Haufe Habsburg in der Zeit des kräftigften Emporftrebens diefer beiden Häufer.

Nach neun Generationen erlofchen fie in der Fülle von Macht und Reichthum, die Sage lispelt durch Gift, welches die Gattin gereicht habe, am 29. März 1418 mit dem Grafen Friedrich von Ortenburg, welcher als kaiferlicher Statthalter in Friaul und General-Capitain des Patriarchen von Aquileja fich hohen Ruhm erworben hatte.[2]

Gemäfs Erbvertrages vom 24. November 1377 folgten die gleichfalls nur dem Reiche vafallen *Cillier*[3] mit dem Grafen Herrmann II. (Kaifer Sigmund's und des Polenkönigs Jagello Schwiegervater) im Befitze. Die wuchtigen Schwerthiebe, welche der Hunyade Ladislaus feinem weitftrebenden Nebenbuhler Ulrich von Cilli zu Belgrad am Morgen des 9. November 1456 verfetzte, beendeten mit einem Schlage die welthiftorifche Rolle Ulrich's, und, weil keine Erben da waren, wurde auch das Sternenfchild feines Haufes über dem Grabe Ulrich's, des letzten Cilliers, gebrochen. Seine Witwe Katharina, die Tochter des Serbenfürften Juri Branković, ftarb in Macedonien als Gaft ihrer Schwefter der verwitweten Sultanin Mara.[4]

---

[1] Während diefer Zeit fungirten als kaiferliche Hauptleute oder Vicedome auf Ortenburg: 1451 bis 1458 Hans von *Kainach*, vertheidigte 1456 die Ortenburg mit Erfolg wider den Grafen von Görz; 1458 Georg von *Kreyg*, Hauptmann; 1459 Georg *Ungnad*; 1460 Ulrich *Fröner*, Vicedom; 1472, noch bis 1478 Lienhard *Saldorffer*, Vicedom; 1480 Friedrich von *Caftellbarco*, Hauptmann; 1482 bis 1483 Friedrich *Dürrer* oder Dörrer, welcher die bis Spittal vorgedrungenen Ungarn zur Umkehr nöthigte; 1489 bis 1494 Gebhard *Peufcher* von Leonftein, Hauptmann und Vicedom, 1494 Leonhard Graf von *Gors*, Hauptmann; 1500 Jacob *Lamberger*, Hauptmann; 1501 bis 1510 Niklas, dann von 1510 bis 1524 Niklas' Sohn Georg Herr von *Firmian*, Hauptleute
[2] *Hufchberg*, Gefchichte des herzoglichen und gräflichen Gefammthaufes Ortenburg. 1828; — *Tangl*, Dr. *Karlmann*, die Grafen von Ortenburg in Kärnten (unvollendet), im Archiv für Kunde öfterreichifcher Gefchichtsquellen, 30. und 36. Band, 1863 und 1866; — *Czoernig*, Görz (der Patriarchenftaat Aquileja) — auch *Hermann*, Gefchichte Kärnten's, I. 127 ff.
[3] *Krones* Dr. Franz: die zeitgenöffifchen Quellen zur Gefchichte der Grafen von Cilli, 1871 (VIII. Jahrgang. Beiträge zur Kunde fteierm. Gefchichtsquellen); — derfelbe: die Cillier Chronik, 1873 (Archiv für öfterr. Gefchichte 50. Band, 1. Halfte, Seite 1 ff.), wo die gefammte Literatur über die Cillier kritifch gewürdigt worden ift.
[4] Arkiv za povest. jugoslav. III. 48 — *Orožen*, Bisthum und Diözefe Lavant III. 177.

Die Graffchaft Cilli wurde dauernd der habsburg'fchen Ländermaffe einverleibt, Ortenburg aber in Folge der mifsglückten Anfchläge des Grafen Johann von Görz abgerundet und durch Vicedome im Namen des Kaifers verwaltet. Finanzielle Bedrängniffe nöthigten den Bruder des Kaifers Karl V., Erzherzog, nachmaligem römifchen König und endlich Kaifer Ferdinand, als er in Folge des Theilungs-Vertrages vom 28. April 1521 daran fchritt, allmählig den heutigen öfterreichifchen Staat zu bilden, die Graffchaft Ortenburg am 10. März 1524 neuerdings zu vergeben. Er gab fie feinem Schatzmeifter Gabriel von *Salamanca* als ein Mannslehen mit auszeichnenden Hoheits-Rechten, aber nicht mehr reichsunmittelbar; damit wurde ein Theil der grofsen Forderungen des reichen aus Burgos gebürtigen fpanifchen Granden eingelöft.

Die Gunft der kaiferlichen Brüder, perfönliches Talent und ein grofses Vermögen wirkten zufammen, um Gabriel Salamanca, vom Jahre 1524 an Grafen von Ortenburg, rafch eine ungewöhnliche Laufbahn zu eröffnen. Rafch erhob er fich vom Secretär Karl V. zum Schatzmeifter Ferdinand I., dann Hauptmann zu Wiener-Neuftadt, endlich zum Kanzler, aus welchen Stellungen er aber über die Klagen der Stände Oefterreichs am Reichstage zu Augsburg (1525) in Folge von Uebergriffen bald wieder enthoben wurde. Ferdinand's Vertrauen verlor er nicht, wie die Sendung des Grafen an den König Heinrich VIII. von England im März 1527 beweift.[1] Noch am 21. März 1528 nannte er fich Oberfter Hauptmann und Landvogt im Elfafs. Im Mai 1528 war er nicht mehr in diefer Stellung, denn er führt den Titel: Oberfterbkämmerer in Kärnten, königlicher Rath, Kämmerer und Hauptmann in der Neuftadt. Dafs fich Salamanca feine Dienfte aber auch gut honoriren liefs und über den Eingang der 8% Zinfen feiner dem Könige geliehenen Capitalien forgfam wachte, beweifen die Acten des Bergwerks Idria, von welchem Gabriel einen Antheil befafs, die Verpfändung der Graffchaft Görz an ihn vom Jahre 1527 bis 1540. Aus zwei Ehen, die erfte mit der Markgräfin Elifabeth von Baden, hatte Gabriel vier Söhne, auf die noch vor dem April 1540 das riefige Vermögen überging, welches fich auch auf Liegenfchaften in den Niederlanden (Cricourt und Lille) ausdehnte. Diefes Vermögen fchwand aber faft noch fchneller als es zur Anfammlung Zeit brauchte. Schon zu Ende der 1570er Jahre hat der Sohn Ehrnfried mit Gläubigern zu fchaffen gehabt, die Schulden des Enkels

---

[1] Archiv für öfterreichifche Gefchichtsquellen 51. Band, 1: „Gabriel Salamancas, Grafen zu Ortenburg, Gefandtfchafts-Berichte über feine Sendung nach England im Jahre 1527," von J. V. Goehlert.

Hans¹ wurden für die Urenkel bereits zur Calamität, fo dafs von ihnen Graf Ferdinand die fchon hoch im Greifenalter ftehende reiche Murauer Herrin Anna geborne Neuman von Wafferleonburg heiratete. Durch fein Vorfterben im Februar 1616 bot er jedoch der betrübten Witwe Gelegenheit, den verzweifelnden Brüdern Ferdinand's den Ausweis der ihrem Gatten gegebenen Vorfchüffe per 82.414 fl. 7 β. 6 ₰. zur Zahlung zu präfentiren.² Ernftlich und unermüdet arbeitete Ferdinand's jüngerer Bruder Georg, unterftützt von feiner Schwiegermutter Maria Chriftine v. Schrattenbach gebornen Egkh, an der allmähligen Abftofsung der Schulden, ftarb aber, fowie noch vier andere Brüder vor ihm, ohne Descendenz am 8. December 1639. Graf Georg hatte den Kriegszug gegen die Venezianer im Jahre 1617 mitgemacht und foll von jener Zeit her ein Freund Wallenftein's gewefen fein.³ Der Hauptftamm der Salamanca war erlofchen, die Graffchaft fiel heim, die Bemühungen der in Görz bis zur Mitte des 18. Jahrhunderts erhaltenen Linie der Salamanca,⁴ die Graffchaft an fich zu bringen, blieben vergebens.

Die kaiferliche Kammer hatte nun der Witwe Georg's v. Ortenburg diejenige Summe herauszuzahlen, welche einft Graf Gabriel zur Einlöfung der verpfändet gewefenen, nach Ortenburg gehörigen Herrfchaften aufgewendet hatte. Diefe Verbindlichkeit kam ungelegen, der eben währende 30jährige Krieg verfchlang grofse Summen, fo dafs fich die Kammer ohne Säumnis um einen capitalkräftigen Käufer umfah. Ein folcher war in den Söhnen des kurz vorher verftorbenen Venezianer Kaufherrn Hans *Widmann:* den Brüdern Johann Paul, Martin, Ludwig, Chriftoph (fpäter Cardinal) und David (kaiferlicher Oberft) Widmann gefunden, welche mit dem Kaufbriefe vom 30. Juli 1640 um 300.000 fl. die Graffchaft als freies Eigenthum erwarben. Bei diefem Kaufe wurden die Hoheitsrechte der Graffchaft, der den Widmann unterm 1. Auguft 1640 ertheilte Grafenftand fammt dem grofsen Palatinate, allein auf 100.000 fl. angefchlagen.

¹ Hans Graf Ortenburg war 1587 Rath, Kämmerer und Oberft-Hofmarfchall des Erzherzogs Karl von Steiermark, 1588 wurde er Landeshauptmann in Karnten, blieb in diefer Würde bis zu feinem Tode 1602. Im Jahre 1591 nahm er als Stellvertreter des Erzherzogs Ernft neben dem Abte von Sittich die Huldigung der Stände von Görz entgegen. In erfter Ehe war er mit Katharina, der Tochter des Freiherrn Georg Khevenhüller vermält, welche der Sage nach noch immer nicht zur Ruhe gekommen fei. Ich meinerfeits habe unter ihrem Bilde völlig ungeftört meine Nachtruhe gehalten und wenn wir die Verficherung einer pfarrämtlichen Auffchreibung, dafs fie am 15. Juli 1596 in Gott entfchlafen fei, nicht ganz hintanfetzen, dürfte fie wohl auch nicht gar fo „fchlimm", gewefen fein, wie die Sage behauptet.
² Meine: Studien an den Grabftätten alter Gefchlechter, 1878, III. Theil: Neumann v. Wafferleonburg.
³ Archiv für vaterländifche Gefchichte in Kärnten, 1863, VIII. Jahrgang S. 109.
⁴ *Czoernig:* Görz 784.

Die Widmann waren nur fehr kurze Zeit Herren auf Ortenburg, fie verdienen Lob wegen der forgfältig geregelten Verwaltung, welche die Söhne des Kaufherrn organifirten, allein in dem erlangten Range haben fie fich bis zu ihrem vor wenigen Jahren erfolgten Erlöfchen im Mannsftamme nicht acclimatifirt.[1] Ihr Anfehen beruhte nur auf dem fürftlichen Vermögen, welches fich der Vater Johann Widmann als glücklicher Kaufmann in Venedig erwarb, für deffen längere Erhaltung Johann in feinem Teftamente weife Verfügungen traf, die jedoch nur kurze Zeit nach feinem Tode befolgt wurden, fo dafs das Vermögen allmählig wieder fich verflüchtigte. Die Fideicommifs-Herrfchaft Paternion ift ihnen bis zum Erlöfchen geblieben.

Die Graffchaft Ortenburg, fo wie diefelbe noch gegenwärtig in Kärnten befteht, verkauften die Brüder Widmann, beziehungsweife deren Erben um 365.000 fl. und 1000 Ducaten Leihkauf am 30. April 1662 an den Fürften Johann Ferdinand *Portia*, deffen Sohn Johann Karl diefe mittelft feines am Todestage, das ift am 27. April 1667 errichteten mündlichen Teftamentes zum Fideicommiffe fchuf, wodurch der unveränderte Umfang der Graffchaft im Befitze derfelben Familie gefichert worden ift.

Der Mittelpunkt der Graffchaft ift fchon lang nicht mehr die altehrwürdige Ortenburg am rechten Ufer der Drau. Bereits im Beginne des 17. Jahrhunderts war fie öde, jetzt fchauen nur mehr geringe Refte vom Berggipfel nieder.

Ferdinand Salamanca, Sohn Gabriels, begann Mitte des 16. Jahrhunderts an Stelle des beftandenen Thurmes, den dann vom Landeshauptmann Johann Salamanca vollendeten Bau

---

[1] Das ftimmte übrigens mit einem väterlichen Wunfche in dem intereffanten Widmann'fchen Fideicommifs-Teftamente, ddo. Venedig, 26. September 1630. *Johann Widmann*, durch deffen Bemühungen allein „aus Nichts Vieles," d. h. ein Vermögen von 710.000 venezianifchen Ducati fich angefammelt habe, wünfcht fich zwar zur Erhaltung feines Kaufhaufes und Namens viele mannliche Sproffen, mahnt aber diefelben zugleich: „fich nicht eine zu hohe uud zu koftfpielige Stellung anzumafsen, fondern fich mit der Mittelmafsigkeit zufrieden zu ftellen." Sie follen fich „eher demüthigen als erhöhen, weil fie fo beliebter und weniger beneidet fein werden, fie follen niemandem Bürgfchaft leiften, nicht hoch fpielen, Bravour-Unternehmungen nicht eingehen" — Johann Widmann, — Sohn des Martin Widmann und der Amalie Mofer, Bürgers zu Villach, wahrfcheinlich Enkel jenes Ulrich Widmann, welcher 1529 in den Dienften des Haufes Fugger in der Fuggerau bei Villach ftand, — kam 1586 nach Venedig, diente dort zuerft als Verwalter im Gefchäfte feines Verwandten Johann Hofer († 1596), war dann Compagnon, von 1600 an arbeitete er felbftftandig, † um 1634. Seine Frau hiefs Maria Otti, gebar ihm 16 Kinder, lebte noch 1634; erft einer feiner Söhne, wahrfcheinlich der Ludwig, kann die venezianifche Patrizierin Rezzonico geehelicht und 1649 den venezianifchen Adel erlangt haben. Johann Widmann wurde 1529 karntnifcher Landftand, nach feinem Geftandniffe dafür, dafs er der karntnifchen Landfchaft 30.000 fl. zu nur 5% geliehen hatte. Wie Johann Widmann die Zwangslage des wahrhaft hochfinnigen Haufes Khevenhüller zur Zeit feiner gezwungenen Auswanderung ausnützte, ift in *Czervenka's* Werke über die Khevenhüller S. 447—455 nachzulefen; Widmann bekennt in feinem Teftamente felbft, dafs fich bei der Einführung in den Befitz der von den Khevenhüllern gekauften Herrfchaften Sommeregg und Paternion in Kärnten mehr vorgefunden, als im Anfchlage enthalten war. Durch voranftehendes berichtigen fich mehrere Aufftellungen im Handbuche zur Gefchichte von Kärnten, II. Abtheil., II. Bd., S. 85 und bei jenen, welche auf *Herrmann's* Autoritat bauend, einfach nachfchrieben.

der fürſtenmäfsigen Burg zu *Spittal,* welche der Gegenſtand verdienter Bewunderung der Fremden iſt.[1]
In diefer befindet ſich das Archiv. Dasſelbe war bis zum Jahre 1880 von Fremden unberührt. Auch damit hat es feine eigene Bewandtnis. Vor dem Jahre 1848 wurden der Cenſurs-Verhältniſſe wegen, Archivſtudien allerdings viel feltener gepflogen als heutzutage, dafür wurden aber vorher, namentlich in noch älterer Zeit,[2] Urkunden und Acten weit forgfältiger verwahrt, als dies in den dem Jahre 1848 unmittelbar folgenden Jahren gefchah.

Schon um Willen der praktifchen Bedürfniſſe der Herrfchaften wurden die Archive in Ordnung gehalten, hatten die Beamten ja ab und zu das Eine oder Andere den Acten zu entnehmen.

Auch in der Graffchaft Ortenburg hielt man es alfo; Fragmente von Repertorien, welche, freilich auch nur als Nachhilfen für einen ohnehin Eingeweihten entfprechen konnten, bezeugen dies. Die Aufhebung der Patrimonial-Verhältniſſe veränderte die Sachlage total. Von den auswärtigen Herrfchaften, von Afritz, Ober-Drauburg, aus dem Gailthale und aus Krain wurden die Herrfchafts-Acten in die Burg Spittal abgeliefert und dafelbft, wie fie eben einkamen und wo fich in den zwei geräumigen, für das Archiv beftimmten Zimmern ein Platz fand, ohne weitere Auswahl und Ordnung eingereiht oder aufgefchlichtet.

Diefe Verfaſſung des Archives war ohne Zweifel niemandem genauer bekannt, als dem letzten Vicedom der Graffchaft, Reichsraths-Abgeordneten Oswald *Nifchelwitzer.* Diefer verfagte jedermann ohne Ausnahme den Zutritt in das Archiv. Ob wegen der Unordnung, die da herrfchte, ob aus anderen Bedenken, ift das Geheimnis des Vicedoms; endlich erleichterte fein gewöhnlicher Aufenthalt zu Mauthen im Gail-Thale die vollftändige Abfchliefsung des Archives gegenüber der wiſſenſchaftlichen Welt.

So mufste der bekannte kärntnifche Gefchichtsforfcher und eben Verfaſſer der unvollendet gebliebenen Gefchichte der Grafen v. Ortenburg, Profeſſor Dr. Karlmann *Tangl,* 1859 unverrichteter Dinge umkehren, wie er in lauter Klage verkündet,[3] andere Kärntner Forfcher, auch *Ankershofen,* follen

---

[1] Mitth. der k. k. Centr.-Comm. für Kunſt- und hiſtoriſche Denkmale, XIX. Bd., S. 148.

[2] „Huets enker Brief und figl", mahnt der 1511 verſtorbene ſteieriſche Landeshauptmann Wülfing XI. von Stubenberg feine Söhne und auch Herr Bartlmä Khevenhüller, der Erbauer der kärntnifchen Landeskrone, zugleich des Landes wackerer Hauptmann († 1613), fprach in feinem Teftamente ähnlich und nicht vergeblich zu feinen 19 Kindern.

[3] Mitth. der k. k. Centr.-Comm. für Kunſt- und hiſtoriſche Denkmale 1861, VI. Bd., S. 300.

dieselbe Erfahrung gemacht haben. Als ich den Spuren der Gebieterin auf Murau, Anna geborne Neuman von Wasserleonburg,[1] nachging, strebte auch ich (1875) vergebens Einlaſs zu erhalten und muſste mich beſcheiden, vom Fenſter aus die reiche Actenfülle abzuſchätzen. Im Jahre 1877 gab Herr Niſchelwitzer dem Grätzer Univerſitäts-Profeſſor Dr. Ferdinand *Biſchoff*, welcher die Archive von Steiermark und Kärnten im Auftrage der kaiſerlichen Akademie der Wiſſenſchaften in Wien nach Weiſsthümern durchforſchte, die Auskunft, das Archiv enthalte „auſser mehreren Urbarien keine hiſtoriſch intereſſanten Schriften der geſuchten Art" und ſei dasſelbe auf Veranlaſſung des hiſtoriſchen Vereines für Kärnten ſchon einmal durchſucht worden, woran Profeſſor Biſchoff die Vermuthung knüpft, dieſer werde wohl die gute Gelegenheit benützt haben, das Archiv auszuräumen.[2]

Daſs die Angabe des Vicedomes eben nur eine Ausflucht geweſen ſein kann, beweiſt die vorliegende Erörterung, es entfällt ſonach auch die Folgerung Biſchoff's; es iſt gar nicht denkbar, daſs eine wiſſenſchaftliche Perſönlichkeit dieſes Archiv beſuchte, ohne darauf ein Merkmal dieſes Beſuches von ſich gegeben zu haben.

Durch den Tod des kinderloſen Fürſten Alfons Serafin Portia im Jahre 1876 kam die Grafſchaft an einen anderen Familienzweig und beim Antritte des gegenwärtigen Fideicommiſs-Nutznieſsers, Seiner Durchlaucht Fürſten Ferdinand Portia (im Jahre 1878), entgingen dieſem die abhilfebedürftigen Zuſtände im Archive nicht. Er ſelbſt wünſchte jemanden zu finden, welcher das Archiv durchſehen möchte und äuſserte dieſen Wunſch vor einigen Collegen im öſterreichiſchen Herrenhauſe. Es war mir, nach jahrelangem Wühlen im Archivſtaube eine freudige Genugthuung, zu vernehmen, daſs der verſtorbene Feldzeugmeiſter Ernſt Ritter von Hartung, Inhaber des Regiments, in dem ich diente, ebenſo Hofrath Profeſſor Dr. Leopold Freiherr von Neumann, welch' Letzterer im Jahre 1872 mich in Waſſerleonburg handtieren ſah, den Fürſten auf mich aufmerkſam machten.

Als nun im Winter 1879 auf 1880 das k. k. General-Commando in Grätz über meinen Antrag: die Erlaubnis zum Beſuche der Grafſchaft Ortenburg einzuholen, in dieſer Hinſicht den Fürſten begrüſste, begegneten ſich die Wünſche und ein zwar nicht fröhlicher, aber äuſserſt ergiebiger Jagdzug auf das edelſte archivale Hochwild konnte beginnen.

---

[1] „Meine Studien an den Grabſtätten alter Geſchlechter der Steiermark und Kärntens" 1877—78, III. Neuman von Waſſerleonburg. S. 96—128.
[2] Sitzungsber. d. kaiſ. Akademie d. Wiſſenſchaften in Wien, 1878, 89. Bd., S. 189 ff.

Ich fand das Archiv in zwei grofsen Zimmern des weftlichen Erdgefchoffes der Burg feuerficher, aber nicht ganz trocken untergebracht. Die Acten waren nicht nur in den zahlreichen Laden von 21 Käften, fondern auch noch in darüber angebrachten offenen Fächern, aufserdem am Boden und wo fich fonft ein paffender Platz ergab, kunterbunt in der fchon vorn angedeuteten Mengung untergebracht.[1] Die in der Nähe der theilweife zerbrochen gewefenen Fenfter frei gelagerten Acten waren in Folge der eindringenden Feuchtigkeit meift vermodert. Diefe Verhältniffe geben aus fich felbft die Erklärung, dafs ich bei einer Arbeitsdauer vom frühen Morgen bis Abends zur Dunkelheit, erft nach längerer Zeit durch die Adminiftrations-Acten der genannten kärntnifchen, krainifchen, dann der durch beiläufig 150 Jahre den Portia gehörigen Herrfchaft Lauterbach in Bayern, zu dem für meine Zwecke werthvollen Theile gelangte, dann das Eine vom Anderen fondern konnte. Der eintretende Winter nöthigte endlich, nach einem in zwei Abtheilungen 70 Tage währenden Aufenthalte abzubrechen, wobei noch etwa 2 Kubikmeter Acten erübrigten, welche ich nur von aufsen flüchtig anfehen konnte.

Das Ergebnis der Arbeit war die Unterfcheidung zweier Haupttheile: I. das Herrfchafts- und II. das Familien-Archiv.

I. Das Herrfchafts-Archiv.

Diefes zerfällt nach feinem Inhalte in folgende Gruppen:

1. Urkunden über die allmählige Angliederung des herrfchaftlichen Befitzes. Die ältefte derlei Urkunde ift vom 24. April (Georgstag) 1392.

2. Urkunden über die Veränderungen im Befitze der Unterthanen durch Schenkung, Kauf oder Taufch vom 16. Jahrhundert herwärts.

3. Heiratsbriefe und Teftamente von Unterthanen, meift 17. und 18. Jahrhundert.

---

[1] Das herrfchende Durcheinander bei den Archivalien veranfchaulichen am beften einige Beifpiele. In einem unbedeutenden, wirthfchaftlichen Gegenftanden geltenden Briefe vom Jahre 1755 fand ich folgende Schriftftücke: ein Handfchreiben des Erzherzogs Ferdinand Karl v. Tyrol aus dem Jahre 1660, einen Brief des berühmten fpäteren Bifchofes von Strafsburg Grafen Franz Egon zu Fürftenberg vom 15. Juli 1657, einen Brief des Feldherrn Raimund Montecuculi vom 1. Juli 1663, zwei Concepte des Fürften Johann Ferdinand Portia in fpanifchen Staatsfachen aus den Jahren 1661 und 1662. Nicht weit davon lag die Pergament-Urkunde über die Verleihung des goldenen Vliefses an den letztgenannten. — Befondere Aufmerkfamkeit erforderten die Schriftenknäuel mit der Auffchrift „Walifche Correfpondentien." Die Beamten hatten in folche alle Schriftftücke vereint, welche nicht in deutfcher, fondern in lateinifcher, italienifcher, franzöfifcher oder fpanifcher Sprache abgefafst waren. Eines diefer Packete hatte auf der einen Seite die erwähnte Auffchrift, auf der andern die Bezeichnung „P. Naidhardt". Geöffnet und fortirt, zeigte es fich, dafs das Packet 117 Documente in fpanifchen Staatsfachen enthielt, darunter einen Brief des Königs, 11 des Beichtvaters der Königin P. Eberhardt Naidhardt, welcher als Cardinal geftorben ift, folche fpanifcher Würdenträger, des öfterreichifchen Gefandten Grafen Potting, u. a. m.

4. Inventarien der Bauerngüter nach Todesfällen oder bei Uebergaben, vom 17. Jahrhundert herwärts, gezählt nach der Methode des Perferkönigs bei feiner Heerfchau am Hellefpont, wobei fich die Zahl von circa 10.000 folcher Inventarien ergab.

5. Die Lehenbriefe fammt allen Aften des Ortenburg'fchen Lehenhofes. Der grofse Umfang diefes Theiles wird durch die namhafte Anzahl der in Kärnten und auch in Tyrol befindlichen Lehensvafallen von Ortenburg erklärt. Es waren deren noch am Schluffe der Lehensherrlichkeit über 500, theils Ritter-, theils Beutel-Lehen.

Von Adelsperfonen zählten circa 1530 zu den Ortenburg'fchen Vafallen: die Khevenhüller, Khuenburg, Fleckh zu Stall im Möllthal, Gendorffer, Graf von Schernberg (aus Radftadt im Salzburg'fchen), Heufsler, Magerl von Reyfach, Malentein, Mandorfer, Meichsner, Monftorfer, Murget, Rain, Rofenhaimer, Schlintenbueg, Waydeckh, dann Wolf von Bibriach, Lucas von Graben, Andrä von Hochenburg, Franz Leyninger, Bernhard von Lind, Wilhelm von Mosheim, Wilhelm Neuman von Wafserleonburg, Andrä Oedenfelder von Riedt, Auguftin Reywaldt, Leonhardt Störn (Störnnfchatz) — In früherer Zeit gehörten aus bekannten edlen Familien zur Vafallenfchaft von Ortenburg noch aufserdem die Baldramsdorf, Kellerberger, Techendorffer, Treffling (Trevelich), Goder, Gradeneck, Groppenfteiner an der Möll, Gfchiefs ober Ortenburg, Spitaler, die vom Stein ober Greifenburg, Strafser u. a. m.[1]

6. Aften über die Herrfchafts-Hoheiten, Gränzen, Jurisdiftions - Streitigkeiten wegen des Inventursrechtes nach Nobilitirten, Beamten u. f. w.

7. Die Aften der Ortenburger Grafen als Inhaber des grofsen Palatinats, Adelserhebungen, Legitimationen, Ernennungen zu Notaren, Richtern etc.

8. Urkunden und Aften über geiftliche Stiftungen, dann die Patronats- und zahlreichen Vogtei - Kirchen; hieher gehören: in *Kärnten, in der Gegend:* die Pfarren Arriach und Afritz, dann Döbriach am Millftätter-See. Im *Drauthale:* das beftandene Hieronymitaner-Klofter nächft dem alten Schloffe Ortenburg, die Pfarre Maria im Dornach im Markte Spittal mit den 7 Beneficien (Burgcapellen-, Spitals-, Malentein'fchen, Oberfrühmefs-, Unterfrühmefs-, St. Ruperts- und jenen zu St. Stefan am Lurnfeld bei Pufarnitz) und den Filialen St. Thomas in Edling, St. Peter unter Spittal und St. Marcus zu Unter-Amlach. Die Pfarren St. Peter im Holz, Baldramsdorf, Molzbichl und Weifsenftein, die Curatien St. Blafius in Frefach

[1] Weifs, Kärntens Adel.

mit jener zu St. Paul ober Ferndorf. Nächſt Ober-Drauburg die Pfarren St. Oswald im Markte Ober-Drauburg, St. Georg in Oetting, St. Dionis in Irſchen und St. Leonhard am Zwickenberg.

Im *Leſſachthal* das vom Grafen Hans von Ortenburg erbaute von den Serviten verſehene Kloſter Maria Schnee in Luggau, die Pfarren St. Lorenzen, St. Nicolaus in Lieſing und St. Jacob, die Curatie Johann Baptiſt in Kornath.

Im *Gailthale* die Serviten-Pfarre zu Kötſchach mit der Filiale St. Andrä zu Laaſs am Gailberge, die Pfarre St. Marcus im Markte Mauthen, die Curatie St. Lambert in Würmlach, die Pfarren St. Daniel unter Goldenſtein, Grafendorf, Reiſach und Kirchbach, die Curatien St. Thomas in Waidegg, Rattendorf, Mitſchig, die Pfarre St. Georg in Tröpelach, Markt Hermagor mit mehreren Filialen, St. Jacob in Förolach, die Curatie St. Lorenz im Gitſchthale, St. Martin in Gatſchach am Weifsenfee und die Pfarre St. Johann in Weifsbriach.

Endlich ſeit den Zeiten Joſeph II. die evangeliſchen Bethäuſer zu Buch und Freſach in der Pfarre Weifsenſtein im Drauthale. Zuſammen mit allen Filialen circa 70 Vogtei-Kirchen.

Das Patronats-Recht beſteht auf den Pfarren Spittal, St. Peter im Holz, Baldramsdorf, Molzbichl, Weifsenſtein, St. Gebrg in Oetting bei Ober-Drauburg, St. Lorenz, St. Nicolaus in Lieſing und St. Jacob im Leſſachthale, St. Daniel, Grafendorf, Reiſach und Kirchbach im Gailthale.

In *Krain* gehören die Patronate der Pfarren zu Prem und Senofetſch ſammt ihren Beikirchen hieher.

9. Politiſche und Gerichtsacten der vier Märkte Spittal und Ober-Drauburg im Drau-, Mauthen und Hermagor im Gail-Thal.

10. Bergwerke auf Eiſen am Reifskofel bei Weifsbriach und zu Döllach im Gail-Thal — das Meſſing- und Stahlwerk an der Möllbrücke. Dabei die Berichte der Verweſer, die Rechnungen über den Ertrag, die Verhandlungen mit dem kaiſerlichen Bergrichter in Ober-Vellach.

11. Die Mauthen zu Spittal an der Drau, Ober-Drauburg, Winklern im Möll-Thal, zu Luggau, Mauthen unter dem Kreuzberg (letztere im 17. Jahrhunderte nach Tröpelach verlegt), endlich zu Hermagor im Gail-Thal, und zu Prem und Senofetsch in Krain.

12. Bier-Brauereien zu Spittal, Kötſchach, Hermagor in Kärnten, Lauterbach in Bayern.

13. Mayerhöfe, Dominical-Gründe, Verkäufe oder Verpachtung ſolcher.

14. Waſſerbauten, Mühlen.

15. Strafsen, Wege.
16. Waldungen und Alpen.
17. Jagden.
18. Fifchereien in der Drau, Liefer, Möll und Gail fammt Nebenflüffen, in den drei Salblingfeen auf der Rofsalpe, den Seen in der Gegend und beim Eingange und Ausgange des Millftätter-Sees.
19. Gemeindeweiden.
20. Landwirthfchaftliche Verhandlungen, Elementarfchäden.
21. Politifche Aften. Die mit dem 17. Jahrhunderte beginnenden Gefchäfts-Protokolle des Vicedom-Amtes der Graffchaft, vom Jahre 1640 an mit der Auffchrift: „Protokoll und Einfchreibbücher aller bey der Graffchaft Ortenburg fürkhommenden Rath: Parthei: und gemainen Sachen und Handlungen." Diefe Protokolle find grofsentheils fehr forgfältig geführt, enthalten alle Verordnungen und Entfchliefsungen der Grafen fowohl in politifchen und polizeilichen; als auch in gerichtlichen Fällen, in welch letzteren Klage, Gegenrede, und das darnach gefchöpfte Urtheil in den wefentlichften Momenten protocollirt erfcheint.

Aften der bis zum Kaifer Jofeph beftandenen Religions-Commiffion; aus der Jofephinifchen Zeit: je über Toleranz wefen, dann Kirchenauffcht, Schulen, Armenverforgung. — Zahlreiche fpätere Aften über Militär-Recrutirung, Einquartierung, Vorfpann, Polizeigegenftände, Poft.
22. Gerichtsaften der 6 Landgerichte in Civil- und Straffachen der mannigfachften Art.[1] Appellations-Aften bei Streitigkeiten der Unterthanen mit der Herrfchaft, Vormundfchafts-Angelegenheiten, Pupillen-Depofiten etc. — Protokoll der Landgerichte über ihre vorgenommenen Handlungen.
23. Grundbücher, Urbarien.
24. Steuern etc.: Stift-Regifter, Kataftral-Vermeffungen, Steuer-Anfchläge und Rectificationen, Aften über bewilligte Steuernachläffe, Einhebungen, Executionen, Jahres-Ausweife über verbliebene Steuer-Rückftände, Laudemial-Gefälle refp. Gebühren bei Grundbuchsänderungen, Ehrungen, und Heimfälligkeiten, Kleinrechte, Getreidedienfte und Zehente, Robottleiftungen. — Aften der Grundlaftenablöfungs-Commiffion in Spittal 1850 ff.
25. Die Hauptbücher, Jahres- und theilweife auch Monatsrechnungen des Vicedom-Amtes als Centrale, des Caffen-Amtes

[1] Unter den „Criminalia" find vertreten: Zauberei, Schatzgraben, Münzverfälfchung, Brandlegung, Mord, Raub, Plünderung, Diebftahl, Betrug, gefchlechtliche Verfündigungen aller Art.

in Spittal, der Landgerichte, Rent-Aemter, Mauthner und der Brauhäufer.
26. Landesfürftliche und landfchaftliche Patente.
27. Verfchiedene zur Amtsführung nöthige Protokolle (Einreichungs-, Correfpondenz- u. dgl. Protokolle).

II. Das Familien-Archiv in Spittal.

Urkunden und Acten, welche die vielftrahligen Familien-Angelegenheiten und den Haushalt der Befitzer der Graffchaft betreffen, find nur von dem Gefchlechte Portia vorhanden,[1] aber auch von diefer Familie liegt nicht das Ganze in Spittal; die gröfsere Zahl der italienifchen Urkunden wird auf den italienifchen Befitzungen aufbewahrt.

Um den Umfang und die Bedeutung diefer Partie beurtheilen zu können, ftelle ich einen kurzen Ueberblick der Vergangenheit diefes Gefchlechtes voran.

Das *Haus Portia*[2] greift mit feinen Wurzeln tief ins Mittelalter zurück. Wenn Schmeichler, zur Zeit als dasfelbe unter dem erften Fürften Johann Ferdinand den Zenith feines Glanzes erreicht hatte, Scripturen entdeckt haben wollen, vermöge welcher die Abftammung bis zu den flüchtigen trojanifchen Helden erprobt erfchien, ein etwas befcheidenerer Schriftfteller diefer Richtung an einen Armanus Portia de Purliliis anknüpft, welcher, fürftlichem Geblüte entfproffen, als Feldherr wider die Hunnen im Jahre 452 bei Aquileja den Heldentod geftorben fei und von' diefem ununterbrochen eine Ahnenreihe aufftellt: fo erkennen wir unferer Zeit in folchen Weihrauchwolken eine eben in den Tagen des Fürften Johann Ferdinand Portia unter den Cavalieren am Wiener Kaiferhofe[3] ftark wuchernde Krankheit. Die mit bewundernswerthem Ernfte gefchriebenen derlei Chroniken ergreifen den Gefchichtsforfcher des 19. Jahrhunderts nicht mehr, er blättert fo lang um, bis er auf ficheren hiftorifchen Boden geräth.

Diefen betreten wir im 12. Jahrhunderte; das, was von da an über die Portia Thatfächliches berichtet werden kann, befriedigt gewifs auch ganz weitreichende Anfprüche.

---

[1] Die der alten Ortenburger und der Cillier kamen, wie fchon erwähnt, nach Wien. Von den Salamanca find nur die Acten über ihre Schulden in der letzten Zeit vorhanden, welche rückfichtlich der damit verbundenen Güter-Verpfändungen zur Herrfchaft gehören; die eigentlichen Familienpapiere nahm ohne Zweifel die Witwe Georg's, eine geborne Schrattenbach mit fich; vielleicht kamen diefelben in der Folge an die Grafen Hoyos. Die Familienfchriften der Grafen Widmann find wahrfcheinlich in Venedig zu fuchen, wo das Haupt der Familie gewöhnlich lebte. Im Schloffe Paternion unter Spittal ift nichts davon zu finden.

[2] Ich fchreibe nach dem Fürften-Diplome: „Portia", wie auch in officiellen Acten der Name meift gefchrieben wird; aber auch die Schreibweife mit z oder c, Porzia oder Porcia ift häufig alternirend anzutreffen.

[3] Wohl auch anderwärts.

Denn bereits zu Mitte des 12. Jahrhunderts steht Vecelletus Graf von Prata und Portia im Vorderplane der Ereignisse: als Feldhauptmann des Patriarchen von Aquileja im Kriege gegen Trevifo, dessen Podesta er 1179 wurde; ebenso als Theilhaber an den Friedensverhandlungen zwischen Kaiser Friedrich Barbarossa und dem Papste Alexander III. zu Venedig im Jahre 1177. Die Söhne des Vecelletus, Gabriel von Prata und Friedrich von Portia, theilten sich 1214 in zwei nach ihren Burgen benannte Hauptlinien: die früh erloschenen Grafen Prata und die noch blühenden Grafen von Portia. Die Grafen Portia veräfteten sich unter Friedrich's Enkel Gabriel und Articus neuerdings in die Hauptlinien „Colonello di sotto" und „Colonello di sopra", erstere aber auch noch später nochmals in eine Prosdocinische, Ascanische, Alfonsische Linie, letztere in die Linien des Fulvius und Mutius.

Im Patriarchen-Staate von Aquileja waren die Grafen Prata und Portia die ältesten und vornehmsten freien Grundherren in Friaul; sie hatten demzufolge neben den gefürsteten Grafen v. Görz allein das Vorrecht, die Belehnung stehend mit der rothen Fahne in der Hand zu empfangen. Im Parlamente von Aquileja waren sie unter den edlen Familien die ersten, welche in demselben Sitz und Stimme hatten. Für diese ausgezeichnete Stellung sprechen auch ihre ehelichen Verbindungen mit den Häusern Este, Camino, Carrara, Polcenigo, della Torre (Thurn), Frangepani, Colloredo, Collalto, Spilimbergo (Spengenberg) u. a. m. Die Portia sicherten sich durch den Familienvertrag von 1311 den dauernden Bestand ihrer hauptsächlich zwischen Ceneda und Pordenone gelegenen Besitzungen, von welchen hervorzuheben sind: Porcia mit dem Palaste daselbst, Prata südlich von Porcia, Brugnera, Gajarine, dann westlich von San Daniele am Tagliamento: Ragogna und Toppo.

Zahlreiche hervorragende Männer find aus diesem Hause hervorgegangen. Aus der Linie Prata war Vecellus 1247 kaiferlicher Vicar der Provinz Trevifo, Mainhard 1257 Podesta in Vicenza, Gabriel April 1332 unter den Vermittlern des Friedens zwischen dem Patriarchen Pagano dellaTorre von Aquileja und den Söhnen des „grofsen Hund von Bern", Albert und Mastino della Scala. Aus der Linie Portia war Manfred Schiedsrichter in den Streitigkeiten der Stadt Trevifo mit den Grafen v. Görz-Tyrol, Gesandter in Rom und wurde von Heinrich 1310 zum Gouverneur in Mailand eingesetzt. Um 1270 waren die Prata und Portia Herren in Pordenone, ebenso Ludwig und Biachinus Portia von 1314—1352 Pfandherren zu Pordenone; des letzteren Enkel Biachinus († 1470) waltete als General-Commissär des Kaisers Karl IV. in Italien.

Nicht wenige waren theils im Namen der Patriarchen, theils auch in jenem der Signoria von Venedig, Führer ihrer Heere, mehrere opferten ihr Leben im Kriege. So Tiberius 1509 während der Vertheidigung von Cividale, welches die Venezianer behaupteten. Mutius war General in franzöfifchen Dienften und ftarb 1634. Die Verdienfte des Grafen Fulvio († Verona 1603) im Kriege gegen die Türken, namentlich in Cypern, belohnte die Republik durch die Ernennung desfelben zum erblichen Condottiere d'armi, welche Würde fich bis zum Falle der Republik in der Familie erhielt.

Zahlreich find die Träger hoher kirchlicher Würden aus diefem Gefchlechte. Um 1216 war Jacob Bifchof von Aofta, kurz darnach Friedrich (von 1221 bis † 1250) Bifchof von Concordia.[1] Ein fpäterer Friedrich, Bifchof von Comacchio, war 1381 während der Sedisvakanz Vicedom des Patriarchates; in dieferEigenfchaft fchlofs er den Frieden mit Amadeus v. Savoyen. Hieronymus (1514—1526) war Bifchof von Torcelli. Ebenfo ein anderer Hieronymus an der Wende des 16. in das 17. Jahrh. Bifchof zu Adria und apoftolifcher Nuntius an den Höfen zu Grätz und München. Als apoftolifcher Nuntius in Prag funétionirte bis zu feinem Tode im Jahre 1578 der fromme und fittenftrenge Abt von Moggio in Friaul) Bartolomäus Portia. Eine Ava Portia war um 1400 Aebtiffin in Aquileja.

Zwei trugen den Purpur der Kirche: der gelehrte Pileus de Prata, zuerft Bifchof von Padua, dann Erzbifchof von Ravenna, 1375 Cardinal, 1383 päpftlicher Legat und Friedensvermittler während des Trevifaner Krieges, † 1400. Egydius, genannt Leandro, aus der Linie der „Colonello di Sopra", geboren 21. December 1683, Benediétiner-Abt von St. Paul in Rom, 1726 Cardinal und Bifchof von Bergamo, afpirirte 1730 auf die päpftliche Würde, fei aus Kränkung, dafs er im Conclave von 1740 neuerdings nicht gewählt wurde, geftorben zu Rom am 10. Juni 1740.

Als Gelehrter machte fich der im Kriege der Ligue von Crambray auch als Truppenführer bewährte Jacob (geboren 1485, † 1538) einen ausgezeichneten Ruf. Aus neuerer Zeit find die Bemühungen des Grafen Nicolaus Portia († 1819 zu Lauterbach nächft Landshut in Bayern) zu erwähnen, welcher die Verbindung der Hauptftröme Deutfchlands durch Canäle anftrebte.[2]

Ueber die Sproffen der Prosdocini'fchen und Alfonfifchen Linie, welche fich feit dem 16. Jahrhunderte in Oefterreich und Bayern verbreiteten und deren hervorragendfter Repräfentant

---

[1] Seit 1586 refidirt der jeweilige Bifchof von Concordia in dem etwas nördlicher gelegenen Portogruaro.
[2] *Wurzbach* Lexikon XXIII. S. 117.

der erſte Fürſt Johann Ferdinand († 1665) geweſen, iſt das Nähere bei Anführung ihres handſchriftlichen Nachlaſſes erwähnt.

Das Wappen blieb alle Jahrhunderte hindurch in der urſprünglichen Einfachheit: blauer Schild mit 6 (3, 2, 1) goldenen Lilien unter goldenem Schildeshaupte; dieſes Wappen erklärt den öfter vorkommenden Beinamen der Portia: Purlilianus.

Das Archiv[1] dieſes Hauſes, ſoweit dasſelbe in der Burg Spittal verwahrt wird, gliedert ſich in der Hauptſache in folgende Beſtände:

A. Genealogien, Stammbäume, Filiationsproben, einſchlägige Entwürfe.

B. Aétenſtücke und Correſpondenzen in italieniſchen Beziehungen der Grafen Portia und Brugnera auch Purliliis genannt, mit geiſtlichen und weltlichen Fürſten, vorzüglich den Patriarchen von Aquileja und den Dogen von Venedig, 1177 bis 1478. In ein Protokoll geſammelt vom Grafen Julius Purlilianus (Portia), um 1595. Dabei mehrere zu dieſer Sammlung gehörige Päcke ungeordneter Urkunden-Copien mit Fortſetzungen bis in das 17. Jahrhundert.

C. Bullen und Breve's von Päpſten, Cardinälen und Biſchöfen, dann Dogen von Venedig, Angelegenheiten aus dem Verhältniſſe der Portia zu ihrem Stammlande Italien enthaltend.

D. Kaufbriefe über die italieniſchen Beſitzungen, eine Lade voll. Einſchlägige Proceſſe, Correſpondenzen.[2]

E. Diplome, Aéten über die Erhebung der Familie in den Fürſtenſtand 1662, Länder-Incolate von Kärnten, Krain und Görz, Oberſterblandhofmeiſteramt in der Graffſchaft Görz, Diplome als Ritter des Ordens vom goldenen Vlieſs für den Grafen (ſpäter Fürſten) Johann Ferdinand, ddo. Madrid 2. Mai 1657, für den Fürſten Alfons Gabriel vom 22. Mai 1830; andere Ordens-Verleihungen, endlich das Handſchreiben ddo. Ofen 1. April 1867, mittelſt welchem Kaiſer Franz Joſeph I. von Oeſterreich dem Fürſten Alfons Portia die Würde eines erblichen Reichsrathes verliehen hat.

Anerkennungsſchreiben, unter denen jenes erwähnt ſei, welches unterm 7. März 1525 Ferdinand Infant v. Spanien und Erzherzog v. Oeſterreich, dem Grafen Jacob aus der ſehr alten und vornehmen Familie der Pureliliis, rückſichtlich eines von

---

[1] Wohl beſtand auch eine ſtattliche Bibliothek in der Burg Spittal, wie aus Correſpondenzen mit Buchhändlern aus dem vorigen Jahrhundert und aus Rechnungen hervorgeht. Dieſelbe wurde jedoch durch den Brand verzehrt, welcher am Tage des Abzuges der Franzoſen (29. April 1797) den ganzen Markt Spittal verheerte, wobei auch ein Theil der Burg ausbrannte. Noch jetzt ſind die Spuren jenes Ereigniſſes im Innern einiger Gemächer erkennbar. Der Schade, welchen der Fürſt bei dieſem Anlaſſe erlitt, wurde damals auf 70.000 fl. berechnet. Ueber die Veranlaſſung dieſes Brandes, ſiehe: *Carinthia*, Jahrgang 1889, S. 57—61.

[2] B. C. und D. ſind nur zum Theile in Spittal verwahrt, der gröſsere Theil dieſer italieniſchen Schriften befindet ſich auf den Beſitzungen der Portia in ihrem Stammlande Friaul in Italien.

diesem herausgegebenen militärischen Werkes ausstellt. Verleihungen der Kämmererswürde und des Sternkreuzordens.
F. Heiratsverträge, Testamente, Inventare, Verlafs-Abhandlungen.
G. Akten über das Familien-Fideicommifs, Nachfolge in demselben. Proceffe, namentlich über die Frage, ob auch die Güter in Krain dem Fideicommifs-Bande unterworfen feien.

Einzelnperfönlichkeiten.

H. Hieronymus Graf Portia, Bifchof v. Adria, 1592 apoftolifcher Nuntius beim Erzherzog Ferdinand von Steiermark und an anderen Höfen, lebte noch circa 1620. Eben diefer dürfte zur späteren Beliebtheit der Portia am fteirifchen Hofe den Grund gelegt haben.
Er ift durch mehrere an ihn gerichtete Briefe im Archive vertreten. So vom Herzoge Wilhelm v. Bayern († 1626) aus den Jahren 1578 und 1611, vom Erzherzog Ferdinand von Steiermark 1612, vom churbayrifchen Botfchafter in Rom Fabricius: 1574, 1575 und 1577; von den Cardinälen Gambera:[1] 1573, 1578; Montalto in Rom 1618; Thurn[2] aus Perugia 1621.

I. Hermes Graf von Portia, 1605 Repräfentant der innerösterreichifchen Regierung bei der Republik Venedig. Er kam durch die im April 1571 vollzogene Heirath mit Magdalena, der Tochter des Freiherrn Hans Lamberg, nach Inner-Oefterreich, wo er durch feine Frau die Herrfchaft Senofetsch am Karft in Krain erwarb. Er ftarb kurz nach Errichtung des erften Fideicommifs-Teftamentes der Familie ddo. 20. September 1609.

An ihn find gerichtet zwei Schreiben des Erzherzogs Karl, Regenten von Steiermark 1577, 1582; acht der Witwe Karl's, Maria von Bayern († 1608), 1590—1605; zwei des Erzherzogs Ernft, 1591—1692; drei des Erzherzogs (fpäter Kaifers) Ferdinand II. 1599—1602; je zwei des Herzogs Ferdinand in Bayern 1592 und 1593 und des Cardinals Ludwig von Madruzzo, Bifchofs zu Trient († Rom 2. April 1600) 1591—1598.

Hermes hinterliefs u. A. zwei Söhne, Johann Sforza und Johann Carl.

K. Johann Karl Graf Portia diente am Hofe zu Wien als kaiferlicher Rath und Kammerherr und wurde in Anerkennung diefer langjährigen Dienfte am 8. April 1636 zum Landes-Vicedom in Krain und Hauptmann in Aquileja ernannt. Starb bald darauf. Einige an ihn gerichtete Handfchreiben liegen vor.

---

[1] Die Grafen Gambera brecianifcher Herkunft, wurden 1621 Landftände in Görz.
[2] Wahrfcheinlich Graf Johann Thurn aus der Friaulfchen Linie, Bifchof v. Veglia und viele Jahre papftlicher Nuntius in der Schweiz, † 1623.

L. Johann Sforza Graf Portia war 1601 am Hofe der Erzherzogin Conftantia, nachmals•vermählten Königin von Polen, 1603 Kämmerer des Erzherzogs Ferdinand von Steiermark, 1605 Repräfentant der inneröfterreichifchen Regierung bei der Republik Venedig, 1608 Ritter des St. Jacobs-Ordens, wurde 1609 an den Hof berufen, um gleich darauf (wie zwei Briefe des Minifters Hans Ulrich v. Eggenberg ddo. 23. März und 8. Mai 1609 bezeugen) als Gefandter an mehrere italienifche Höfe nach Florenz, Pifa und Rom entfendet zu werden. Nach der Refignation des Freiherrn Balthafar v. Thannhaufen wurde er am 10. Jänner 1610 mit 1000 fl. Jahresgehalt Hauptmann in Görz, blieb in diefer Stellung bis circa 1624, alfo auch während des venetianifchen Krieges im Jahre 1616. Der Gefchichtfchreiber der Graffchaft Görz [1] rühmt ihm perfönliche Tüchtigkeit nach. Wahrfcheinlich fchlofs fich mit feiner Verwaltung auch fein Leben 1624.[2]

Im Jahre 1612 wurde Johann Sforza von Ferdinand II. nach Spanien gefchickt, um dem Könige Philipp III. aus Anlafs des Todes feiner Gemahlin Margarethe († 3. October 1611), einer Schwefter Ferdinand II., zu condoliren. König Philipp ernannte bald darauf, 4. Mai 1614, den Grafen Portia zum Oberften über 10 Fähnlein deutfchen Kriegsvolkes. Von ihm ift eine zweite Fideicommifs-Urkunde vom Datum 11. Juni 1620 vorhanden. Die Herrfchaft Prem in Krain, welche vordem die Familie feiner Gemahlin Anna Maria v. Raunach inne hatte, befafs er nur pfandweife; erft fein Sohn kaufte diefelbe 1627 am 20. April um 63.257 fl. als ein freies Eigenthum dem Landesherrn ab.

Vom Grafen Johann Sforza find vorhanden zwei Briefe des Königs Philipp III. von Spanien an feine Schwäger die Erzherzoge Ferdinand und Maximilian von Oefterreich, aus dem Jahre 1612, dann u. A. folgende an Johann Sforza gerichtete Befehle und Schreiben: drei von der Erzherzogin Maria, Witwe Erzherzog's Karl von Steiermark aus den Jahren 1601—1605; 32 vom Erzherzoge, nachmaligen Kaifer Ferdinand II., beginnend 1601, abbrechend 1617, was vermuthen läfst, dafs noch welche in den Acten irgendwo ftecken;[3] einer von der Erzherzogin Maria Magdalena, Gemahlin des Grofsherzogs Cosmus zu Florenz 1610; einer vom Erzherzoge Maximilian 1611, Annahme einer Pathenftelle; zwei von der Gemahlin

---

[1] Czoernig. Görz, 757, 815—816, 929.
[2] 20. April 1627 wird er beftimmt als ein bereits Verftorbener aufgeführt.
[3] Das Schreiben ddo. Grätz 10. Juli 1605 enthält den Glückwunfch zur Geburt eines Sohnes, welchen der Erzherzog „zu ainem Chriften machen zu helffen genaigt" ift. Als Stellvertreter bei der Tauthandlung wird Freiherr Hörmann v. Attems abgeordnet. Aus diefem Pathenkinde des Erzherzogs wurde, wie kaum zu zweifeln, der fpätere Minifter Johann Ferdinand Portia.

Kaifers Ferdinand II., Eleonora v. Mantua, aus dem Jahre 1623; einer des Cardinals von Zollern 1624; drei des Miniſters Johann Ulrich von Eggenberg aus den Jahren 1609 und 1613. *M. Johann Ferdinand, Graf, von 1661 ab Fürſt von Portia, Graf zu Mitterburg und Brugnera, 1662 auch Graf zu Ortenburg*, geboren Venedig Mitte des Jahres 1605, kaiferlicher Kämmerer und bereits 1634 inneröſterreichifcher Regierungsrath, Jänner 1639 bis 1647 Landesverwefer in Krain,[1] 1647 als Nachfolger des Freiherrn Georg Barbo von Waxenſtein kaiferlicher Orator in Venedig bis 1652; am 1. September 1652 Oberſthofmeiſter des 9. Juni 1640 geborenen Erzherzogs Leopold Ignatz, dann als diefer in Folge Ablebens des Kaifers Ferdinand III. am 2. April 1657 zu Thronfolge berufen wurde, Oberſthofmeiſter und Präſident des Geheimen Rathes, beziehungsweife *dirigirender Miniſter Leopold's I.*[2] Von da an beginnt die weltgefchichtliche Rolle Portia's, die jedoch in den bisherigen Gefchichtswerken nicht zum Ausdrucke kam. Lagen ja doch ein Haupttheil derjenigen Aƈten, die davon Zeugnis abgeben, vergeſſen in feinem Archiv. In dem Folgenden fei das Verzeichnis der nun zu Tage geförderten Aƈten gegeben, durch die das hiſtorifche Materiale über den leitenden Miniſter Oeſterreichs von 1657—1665 wohl vollſtändig vorliegen dürfte.

Aus demfelben geht hervor, dafs Portia, fo lang er lebte, der vertrauteſte und maafsgebendſte Rathgeber feines ehemaligen Zöglings, des nunmehrigen jugendlichen Kaifers war und an allen Entfchliefsungen des Monarchen Antheil hatte. Die vorhandenen 89 eigenhändigen Schreiben Leopold I. an Portia, manche nur wenige Zeilen, andere aber auch 2—3 Folio Seiten umfaſſend, bezeugen dies. Leopold I. — und dies darf bei feiner damaligen grofsen Jugend ihm nur zum Verdienſte gerechnet werden — gab keine Entfcheidung, ehevor er fich nicht mit feinem ehemaligen Erzieher über den Gegenſtand unterrichtet hatte, ja er unterſtellte felbſt feine Tages-Eintheilung der Controle des vertrauten Freundes, deſſen Dienſte kaiferlich zu belohnen, er jede Gelegenheit wahrnahm. Bei der aufserordentlichen, eben auch in diefen Briefen zum Ausdrucke kommenden Gewiſſenhaftigkeit des Monarchen, konnten das in Portia gefetzte Vertrauen, die ihm gefpendeten Anerkennungen, nur der Lohn für vollwichtige Dienſtleiſtungen fein. In der That war es auch Portia, der (eifrig unterſtützt von Maria Anna

---

[1] In diefer Eigenfchaft dämpfte er den Bauernaufſtand in der Poik.
[2] Das bezügliche Handfchreiben lautet: „Lieber Graff von Portia. Nachdeme ich mich refoluierdt hab die geweſt kay. gehaimbe rath in mein neues jurament aufzunehmen und confiderirdt eure mir von jugend auf treue geleiſte dienſt, alfo zeige ich euch himitt an, dafs ihr vor allen rathen den vorzug und preeminenz haben eollett vnd verbleibe euch in vbrigen mitt küniglichen genaden allzeitt wol gewogen. Leopold mp."
Aufsen: „den Grafen von Portia zuezuſtöllen" Verfchlufs mit dem in fchwarzem Siegellak abgedruckten Secretſiegel.

von Oefterreich, der Mutter des Churfürften Ferdinand Maria von Bayern) die Intriguen der mächtigen antiöfterreichifchen Partei in Deutfchland zu Nichte machte und nach allerdings fchwerem Wahlkampfe die Erhebung Leopold I. auf den deutfchen Thron (22. Juli 1658) durchfetzte. Diefen Umftand hob der dankbare Kaifer im Fürften-Diplome Portia's befonders hervor, mit dem weiteren Beifatze, dafs Portia, nach der Wahl ebenfo die Gefahr der weiteren Ausdehnung des eben währenden polnifch-fchwedifchen Krieges zu dämpfen wufste. Portia bewirkte die thatkräftige Unterftützung Polens und dann auch des grofsen Churfürften von Brandenburg, in dem durch den Frieden von Oliva beendeten Kriege gegen Schweden 1655—1660.

Der Minifter hielt beftändig Fühlung mit den für die deutfchen Habsburger wichtigen fpanifchen Angelegenheiten, vor und nach dem Abfchluffe des pyrenäifchen Friedens (7. November 1659); am meiften befchäftigten ihn aber einerfeits die deutfchen, anderfeits die ungarifch-türkifchen Angelegenheiten. In Deutfchland die rheinifche Liga, welche die drei geiftlichen Churfürften, der König von Schweden als Fürft von Bremen, Pfalz-Neuburg, Braunfchweig-Lüneburg, Heffen-Caffel und der Bifchof von Münfter, unmittelbar nach der Wahl Leopold I. zum Kaifer, zu Frankfurt a. M. am 15. Auguft 1658 mit der Krone von Frankreich fchloffen. Ihr Zweck war ein offenbar reichsfeindlicher, es war ein Bündnis wider den Kaifer und Chur-Brandenburg, doppelt verwerflich dadurch, dafs deutfche Fürften den König von Frankreich zur Einmengung in die deutfchen Angelegenheiten ermächtigten. In Ungarn bereiteten die permanenten inneren Wirren mannigfachen Kummer. Der Umftand, dafs Leopold I. in Uebereinftimmung mit feinen deutfchen Kronräthen, auch dort Glaubenseinheit nebft abfoluter Verwaltung nach dem Mufter der deutfchen Erblande herftellen wollte, nährte unter den einflufsreichften Magnaten eine tiefgreifende Unzufriedenheit, welche die Spaltung in Parteien, fortwährende Unruhen im Lande, die Einmengung der Türken und endlich den Ausbruch des Krieges zur Folge hatten, welchen der Sieg bei St. Gotthard und der diefem unmittelbar folgende Friede von Vasvár 1664 abfchlofs. Die nach diefem Frieden angezettelte und 1669 entdeckte Verfchwörung von Rákóczy, Weffelényi, Zrinyi, Nádasdy, Frangepany und Tattenbach, zeigt fich in ihren erften Keimen auch in den vorliegenden Acten.

Portia, welcher mit allen dem Kaifer befreundeten Fürften Europa's im brieflichen Verkehre ftand, hatte vom Könige Philipp IV. von Spanien fchon 1657 die Kette des goldenen

Vliefses, vom Kaifer im Jahre 1661[1] den Fürftenftand mit dem grofsen Palatinate, enthaltend das Recht zu münzen, zu adeln, das kleine Palatinat zu ertheilen, das Apellations-Recht etc., verliehen erhalten. Zu den Gaben von praktifchem Werthe zählen eine am 6. November 1660 bewilligte „Remuneration" von 200.000 fl., die Genehmigung zur Uebertragung der bisher dem Grafen Hyronimus Flangini um 350.000 fl. eingeräumten Pfandfchaft der Graffchaft Mitterburg, welche der Kaifer dem Portia jedoch als freies Eigenthum überliefs, dann als ein Reichsfürftenthum zu verleihen fich entfchlofs in der Weife, wie die Fürften Eggenberg die Graffchaft Gradiska erworben haben.[2]

Diefes äufserfte Ziel, welches Portia feinem Ehrgeize gefteckt haben mochte, konnte er jedoch nicht erlangen. Die vom Minifter Auerfperg[3] angeeiferten Stände von Krain opponirten, der Kaifer bekam Gewiffens-Scrupeln und theilte in dem eigenhändigen Briefe vom 9. November 1663 dem Fürften unter ausführlicher Begründung mit, dafs die ihm für Mitterburg zugefagte Reichs-Immediatität fchwer aufrecht zu erhalten fein werde. Diefes Schreiben, mittelft welchem der Kaifer gewiffermafsen das freiwillige Aufgeben der hinfichtlich Mitterburg gegebenen Zufagen feitens des Fürften Portia heifcht, ift in einem wunderbar herzlichen Tone gehalten und in der Beilage I wiedergegeben. Selten mag ein Monarch in gleich hingebender Weife zu feinem Minifter gefprochen haben. Der Brief ift aber auch in ftaatsrechtlicher Hinficht von höchftem Intereffe. Es war offenbar eine Folge diefes Schreibens, dafs Fürft Portia, wenn auch fchweren Herzens, fich der an feinen Befitz in Mitterburg geknüpften Hoffnungen begab und im Juli 1664 mit der Landfchaft des Herzogthums Krain in Verkaufsverhandlungen trat. Am 4. Februar 1665 genehmigte Fürft Portia das Kaufsangebot der krainifchen Landfchaft, welche für die Graffchaft 550.000 Gulden Rheinifch zu geben fich erklärte. Ein halbes Monat, nachdem diefer Vertrag perfekt geworden, ftarb der Fürft zu Wien am 19. Februar 1665. Das Fehl

---

[1] Das Diplom wurde dann unterm 17. Februar 1662 ausgefertigt.

[2] Das bezügliche Handfchreiben lautet: „Lieber Fürft. Weilln es zu mein vnd meines haufs dienften geraihet, dafs ihr ein ordth (fo das fürftliche votum kan in reich fueren) habt; alfo habe zu abfonderlicher bezeigung meiner genad gegen euch, die graff: vnd haubtmanfchaft Mitterburg zu einer gefürften graffchafft mitt des reichs immedietet erhöben wellen, mitt aller der manier vnd waifs wie Gradisca dem fürften von Eggenberg gegeben worden; darauf dafs diploma kan ausgeferdigt werden; vnd will auch darumben meines haufs confens procuriren. Und ich verbleibe ihm vbrigen euch mitt allen keyf. hulden vnd genaden alzeit wolgewogen. Wienn den 18. Aprill 1662. Leopold m. p." Aufsen: „dem Fürften von Portia zuzuftellen." Schon am nächften Tage erhielt Portia ein weiteres Handbillet, mittelft welchem der Kaifer drei (nicht vorhandene) „Gnaden"-Billets begleitet, dann unterm 18. Mai 1662 die Mittheilung, dafs der Erzherzog (Leopold Wilhelm † 20. November 1662) die Erhebung von Mitterburg zu einer gefürfteten Graffchaft „gar woll aufgenommen vnd aprobirdt" hat.

[3] *Auerfperg* felbft aber erwarb fich faft zur gleichen Zeit auf diefelbe Weife das Herzogthum Münfterberg in Schlefien.

schlagen seines Lieblingswunsches dürfte seinen Tod beschleunigt haben.

Des Ministers handschriftlicher Nachlass gliedert sich folgend:

a) Ziffernschlüssel

für die geheime Staats-Correspondenz, 13 Stück.

b) Handschreiben und Briefe.

1. Haus Habsburg; Handschreiben.

α. *ältere spanische Linie:*

König Philipp IV. von Spanien († 1665), 1657, Königin Maria Anna von Oesterreich († 1696), 1649 je 1 Stück (vom Könige noch mehrere in der Staats-Correspondenz mit Spanien).

β. *jüngere deutsch-österreichische Linie:*

Kaiser Ferdinand II. († 1637) aus dem Jahre 1636 2 Stück; dessen zweite Gemahlin und Witwe, Leonora, geborene Herzogin von Mantua († 1655), durchaus eigenhändig 10, zusammen 21 Stück; Kaiser Ferdinand III. († 1657) von 1640—1656 (eigenhändig 4) zusammen 23 Stück; dessen zweite Gemahlin Erzherzogin Maria Leopoldine von Tyrol († 1649) 1648 1 Stück; dessen dritte Gemahlin dann Witwe Eleonore, geborne Herzogin von Mantua († 1686), 1646—1663 (eigenhändig 7) zusammen 8 Stück; römischer König Ferdinand IV. († 1654) 1649 4 Stück.

Kaiser Leopold I. († 1705), nur 1 von fremder Hand, alle übrigen eigenhändig, 90 Stück. Dieselben beginnen mit dem Jahre des Regierungs-Antrittes 1657, enden mit dem Todesjahre Portias 1665, behandeln fast durchaus nur Staatsachen, darunter viele über die ungarischen Angelegenheiten. Diese Briefe zeigen uns den damals so jugendlichen Kaiser in einer ungemein günstigeren Beleuchtung, als manche Historiker zugestehen wollen; es scheint auch hier des Dichters Wort anwendbar: „Von der Parteien Gunst und Hass verzehrt, schwankt sein Bild in der Geschichte." Um des Kaisers Gewissenhaftigkeit, wie auch zu zeigen, dass er ebenso einem ausgesprochenen Günstlinge gegenüber, wie es Portia thatsächlich war, die Freiheit der Entscheidung wahrte, enthalten die Beilagen II und III den Abdruck zweier Handschreiben, welche die Beförderung oder Ernennung von Beamten betreffen.

Erzherzogin Maria Anna, Schwester Ferdinands III., 1635 vermählt an den Churfürsten Maximilian von Bayern († 1665), Befehle und Handschreiben aus den Jahren 1651—1662 13 Stück; Erzherzog Leopold Wilhelm, Bruder Ferdinand III., Deutschmeister, Statthalter in Brüssel († 1662) 1648 — 1662 (durchaus eigenhändig 11) zusammen 49 Stück.

7. Tyrolifcher Zweig;
Erzherzog Ferdinand Karl, Regent in Tyrol († 1662) 1648—62 (43 italienifch, 30 deutfch) 73 Stück; Erzherzogin Claudia geborne Medicis, Mutter Ferdinand Karl's († 1648), 1648 3 Stück; Erzherzogin Maria Anna geborne Medicis, Gemahlin Ferdinand Karl's († 1676), 1650—1663 4 Stück; Erzherzog Sigismund Franz, Regent in Tyrol († 1665), 1657—1664 (eigenhändig 22) zufammen 55 Stück; Erzherzogin Ifabella Clara, fiehe Mantua. Die Gefammtfumme der Habsburg'fchen Briefe ergibt die Zahl von 348 Stücken.

2. Haus Gonzaga in Mantua, nahe verwandt mit Habsburg in Folge von drei Heiraten, welche innerhalb 30 Jahren (1622—1651) zwifchen beiden Häufern gefchloffen wurden. Der zweite und der dritte Ferdinand hatten als Witwer in letzter Ehe je eine Eleonore v. Mantua geehelicht.

Herzogin Maria, Erbin von Mantua, Gemahlin Herzog Karl's II. von Mantua und Montferrat († 1631), Regentin für ihren 1629 gebornen Sohn Karl III. von Mantua, auch Mutter der Eleonore, Gemahlin des Kaifers Ferdinand III. Marie ftarb 1660. Aus der Zeit, wo Johann Ferdinand Portia keiferlicher Orator in Venedig war und auch den Verkehr mit den italienifchen Fürften zu vermitteln hatte, zahlreiche meift eigenhändige Briefe der Herzogin aus den Jahren 1649—1653, zufammen 67 Stück; Karl III. Herzog von Mantua († 1665), 1650—1661 16 Stück; deffen Gemahlin Ifabella Clara, geborne Erzherzogin von Oefterreich in Tyrol († 1685), 1650—1665 4 Stück; von mehreren mantuanifchen Prinzen und Prinzeffinen zufammen 5 Stück. Im Ganzen 92 Briefe.

3. Könige.
Karl II. (Stuart) von Grofsbritannien († 1685), 1657 1 Stück; Johann Cafimir (Wafa) von Polen (König 1648—1668, † 1672), 1657—1664 9 Stück.

4. Deutfche Churfürften und Prinzen ihrer Häufer.
Bayern: Churfürft Ferdinand Maria († 1679), 1659—1663 8 Stück; Bayern Pfalz: Churfürft Karl Ludwig († 1690), 1657—1662 4, von deffen Bruder, dem berühmten Prinzen Ruprecht († 1682), 1658—1664 4, vom fpäteren Churfürften von Pfalz-Neuburg, Philipp Wilhelm († 1690), 1659—1660 2, zufammen 10 Stück; Brandenburg: Friedrich Wilhelm, der grofse Churfürft († 1688), 1657—1663 10, von den Prinzen Chriftian Wilhelm 7, Georg Albrecht und Albrecht je 1, zufammen 19 Stück; Sachfen: Churfürft Johann Georg II. († 1680), 1658—1664 6, von den Herzogen Auguft, Chriftian, Moriz, Julius Heinrich und Friedrich Wilhelm aus den Jahren 1655—1662 12, zufammen 18 Stück; Chur-Cöln: Maximilian Heinrich, Herzog in Bayern

(† 1688), 1654—1660 6 Stück; Chur-Mainz: Johann Philipp Freiherr von Schönborn, zugleich Bifchof von Worms († 1673), von 1655—1664 12 Stück; Chur-Trier: Karl Cafpar von der Leyen († 1676), 1658—1661 6 Stück.

5. *Andere regierende weltliche Fürften.*

Anhalt-Deffau: Johann Georg II. († 1693), Vater des berühmten Deffauers, 1663 1 Stück; Baden: Markgraf Wilhelm († 1677), deffen beide Söhne Ferdinand Max († 1669, der Vater des berühmten Feldherrn Ludwig von Baden) und Leopold Wilhelm († 1671), 1657—1661, zufammen 5 Stück; Eggenberg-Gradiska: Anna Maria, geborne Markgräfin von Brandenburg-Bayreuth († 1680), 1655 und 1659 je 1; von ihrem Schwiegervater Johann Ulrich Fürften zu Eggenberg († 1634) 1 aus dem Jahre 1628, zufammen 3 Stück; Heffen: Landgraf Georg II. († 1661), deffen Sohn Ludwig VI. († 1678), Wilhelm Chriftof aus den Jahren 1649—1661, zufammen 9 Stück; Liegnitz, Brieg und Wohlau: Herzoge in Schlefien, die Brüder Georg III. († 1664), Ludwig IV. († 1663) und Chriftian († 1672), 1658—1663, zufammen 12 Stück; Lothringen: mehrere Herzoge 1649—1662, zufammen 5 Stück; Mecklenburg: Maria Katharina († 1665), Witwe Herzogs Adolph Friedrich, und ihre Söhne Chriftian († 1692), Guftav Adolph († 1670) und Friedrich († 1688), 1660—1662, zufammen 5 Stück; Moldau: Georg Stefan Fürft, unterm 31. Juli 1663 1 Stück; Naffau: und zwar Johann Moriz in Cleve 1662—1663 2, Moriz Heinrich von Naffau-Hadamar († 1679) und deffen Gemahlin Erneftina († 1668), 1658—1661: 7, zufammen 9 Stück; Oldenburg: Anton Günther Graf († 1667 als der letzte), 1658 1 Stück; Oftfriesland: Georg Chriftian Fürft († 1665) 1662 1 Stück; Rákóczy: Georg Fürft zu Siebenbürgen, († 1660), 1658—1660 5 Stück; Savoyen: Herzog Karl Emanuel, König von Cypern († 1675), 1659 1 Stück; Schleswig-Holftein: die drei Herzoge Alexander Heinrich, Philipp Ludwig und Hans Adolph, zufammen 7 Stück; Toscana: Grofsherzog Ferdinand II. von Medici († 1670), 1634—1662 11 Stück; Württemberg: Herzog Sylvius, 1658—1659 4, Eberhard VII. († 1674), 1661—1662 5, zufammen 9 Stück; Herzog Eberhard erfuchte am 19. Auguft 1661 den Fürften Portia um die Annahme der Pathenftelle bei dem am 14. Auguft 1661 gebornen Sohne des Herzogs. Portia nahm diefelbe an.

6. *Geiftliche Fürften.*

Cardinäle Barberino [1] 2; Collalto 1; Hieronymus Colonna († 1666) 2; Corvaro (mit Colonna ftammverwandtes Haus) oder Cornaro (?) 1; Ernft Albert Graf Harrach, Bifchof von

---

[1] Wahrfcheinlich Antonio Barberini † 4. Auguft 1671: Vergleiche Mailáth, Gefchichte Oefterreichs IV. 64.

Trient († 1667) 2; Friedrich von Heffen, Bifchof von Breslau († 1682) 2; Neidhardt, fiehe Correfpondenzen mit Spanien; Jacob Rofpigliofi († 1671) 1; Chriftoph Widmann, Graf von Ortenburg 1; zufammen 12 Stück.

Erzftift Salzburg: Erzbifchof Paris Graf Lodron (1619 bis † 1653), bedeutender Kirchenfürft, Wohlthäter feines Landes, 1644—1650 4 Stück; Cardinal-Erzbifchof Guidobald Graf v. Thun († 1668), fiehe die deutfchen Correfpondenzen.

Bifchöfe: Von Eichftädt 5, Lavant 1, Münfter 1, Olmütz 1, Paderborn 2, Seckau 1, Trient 2, Worms 4, Abt zu Obrowitz 1, zufammen 18 Stück.

7. *Allgemeine Correfpondenz.*

In den verfchiedenften Staats-, Kriegs-, Merkantil- oder perfönlichen Angelegenheiten, zufammen circa 350 Stück; diefelben laufen mit Miniftern, Gefandten und diplomatifchen Perfönlichkeiten, Generalen, vornehmen Beamten aus den Provinzen, Cavalieren u. f. w. Es find allda neben anderen vertreten die Namen: Arco, Attems, Auerfperg,[1] Petaz, General Piccolomini Herzog von Amalfi, Blagay, Breuner, Kazianer, Kinsky, Collalto, Kollonitfch, Colloredo, Kolowrat, Königsegg, Czernin, Dietrichftein (12 Stück), Tilly, Trauttmannsdorff,[2] Trautfon, Truchfefs von Waldburg, Thurn, Enkevoirth, Friefen, Freiherr Johann v. Goëfs, der fpätere Cardinal von Gurk, Grimani, Herberftein, Saint-Hilaire, Inzaghi, Jöchlinger, Lamberg, Lanthieri, General Leslie, Liechtenftein, Herzoge von Jägerndorf (aus den Jahren 1649—1662, 15 Stück), Lobkowitz,[3] Martiniz, Raimund Montecuculi der Feldherr,[4] Noftitz, Rabatta,

---

[1] Vom damaligen Minifter Fürften Johann Weikhard A. Herzoge zu Münfterberg, welcher mit Portia rivalifirte, letzterem im Range und Einfluffe am Hofe vorangegangen war und wieder nachfolgte, bis er 1670 vom Hofe verbannt wurde und dann auf feinem Schloffe Seifenberg 1677 ftarb, 9 Stück. Ueber Johann Weikhard Auerfperg fiehe befonders *Dimitz,* Gefchichte von Krain, IV. 3 ff. Diefem gefchätzten Verfaffer blieb aus den vorn angedeuteten Gründen die eigentliche Stellung Portia's am Hofe unbekannt, fonft ware es nicht möglich gewefen, hinfichtlich des feinem Befitze nach ebenfalls dem Lande Krain angehörenden Portia mit wenigen Worten abzufchliefsen und Auerfperg die Stellung zu belaffen, welche nun Portia einnahm und welche Auerfperg erft wieder nach deffen Tode erlangt hat. Das in Beilage IV abgedruckte Handfchreiben des Kaifers Leopold I. kennzeichnet die Meinung des Monarchen über den Fürften Auerfperg.

[2] Von dem berühmten Minifter und weftphälifchen Friedensgefandten Grafen Maximilian († 8. Juni 1650) 23 Stück. Mit diefem war übrigens Portia in Verwandtfchaft getreten, indem Maximilian's Sohn Franz Anton die Margaretha, Tochter des Fürften Portia, ehelichte.

[3] Mehrere Briefe find von der Hand des Fürften Wenzel Eufeb v. Lobkowitz, Herzogs von Sagan, geboren 1609, 1636 Hofkriegsrath, 1644 Hofkriegs-Vicepräfident, 1647 Feldmarfchall, 1652 Hofkriegs-Präfident, 1657 Haupt der böhmifchen Wahlgefandtfchaft in Frankfurt, 1665 Nachfolger Portia's im Oberfthofmeifteramte, 1669 Präfident des geheimen Rathes, 18. October 1674 durch Schwarzenberg, Lamberg, Montecuculi und Zinzendorf geftürzt, geftorben 1677. Siehe das Werk Adam *Wolf's:* Fürft Wenzel Eufeb Lobkowitz, erfter geheimer Rath Kaifer's Leopold I. 1609—1677; 1869 — *Wurzbach,* Lexikon. XV. 307 ff.

[4] Die bezeichnende, freilich nicht leidenfchaftfreie Charakter-Schilderung, welche Montecuculi von dem General de Souches Wien 15. November 1660 entwarf, enthält die Beilage V. Es fei aber auch zugleich bemerkt, dafs de Souches, wie aus feinem ganzen Lebenslaufe abzuleiten werden kann, wirklich im hohen Grade unverträglich gewefen fein mufs. — Chriftian *D'Elvert:* Die Schweden vor Brünn; auf diefen geftützt *Schweigerd:* Oefterreichs Helden und Heerführer, II., 192—229.

Rofenberg, Rottal-Saurau, Schönborn, Schrattenbach, Sinzendorff, Feldmarfchall Ludwig de Souches, Sternberg, Valmerana, General Peter Graf Strozzi, Weifsenwolff (David Ungnad Graf von Weifsenwolff), Werdenberg, Widman von Ortenburg, Windifchgrätz, Wolkenftein, Wrbna von Freudenthal. Die Zahl aller Briefe beträgt rund 1000 Stück.

c) Stofflich claffirte Actenftücke.

1. Acten in den deutfchen Staatsfachen zunächft über das Bündnis der weftdeutfchen Fürften[1] mit Frankreich durch die im Auguft 1658 gefchloffene fogenannte „Rheinifche Liga," welche ihre Spitze wider den Kaifer kehrte, nach Beendigung des Münfter'fchen Krieges 1667 fich wieder auflöfte. Andere Verhandlungen mit den drei geiftlichen Churfürften, fowohl mit Beziehungen auf den fchwedifch-polnifchen als den Türkenkrieg. Hinfichtlich des letzteren kommt das Verlangen nach Abfendung der Reichs-Contingente öfters zur Sprache und find, um diefem Begehren Nachdruck zu geben, in den von Wien ausgehenden Schreiben ftets „Zeitungen" vom Kriegsfchauplatze in Ungarn und Siebenbürgen eingeflochten. Diefe Correfpondenzen laufen von circa 1657—1663; fie erhalten durch einige dreifsig Schriftftücke des Oberfthofmeifters von Churtrier Franz Egon Grafen fpäter Fürften von Fürftenberg ein höheres Intereffe. Franz Egon und fein Bruder, der nachmalige Cardinal Wilhelm Egon von Fürftenberg zählten zu den Häuptern der Parteigänger Ludwig XIV., welche nach ihnen die „Egoniften" (Egon ift ein in der Familie Fürftenberg heimifcher Rufname) genannt wurden; *fie* waren zumeift thätig Strafsburg an Frankreich zu bringen, wofelbft beide nacheinander die Inful trugen.[2]

[1] Chur-Cöln, Mainz, Trier, Schweden für das Fürftenthum Bremen, der Bifchof von Münfter, Pfalz-Neuburg, Braunfchweig-Lüneburg, Heffen-Caffel.
[2] Franz Egon, aus der 1716 ausgeftorbenen Heiligenberger Linie am 10. April 1626 geboren, war als Oberfthofmeifter von Churtrier der eifrigfte Gehilfe des franzöfifchen Gefandten Herzogs von Grammont, um die Kaiferwahl Leopold's I. 1658 zu hintertreiben. Auch die Verleihung der Reichsfürftenwürde an ihn und feine Brüder Herrman Egon und Wilhelm Egon unterm 12. Mai 1664 vermochte nicht die drei Brüder an das Intereffe des Reiches zu knüpfen, deffen Fürften fie hiefsen. Franz Egon wurde am 19. Jänner 1663 Bifchof zu Strafsburg, dann gefürfteter Abt zu Murbach und Lüders, Stablo und Malmedy, nachdem ihm Churfürft Max Heinrich von Cöln diefe Abteien abgetreten hatte. Unter feiner Regierung bemächtigte fich Ludwig XIV. 1681 Strafsburgs und vereinigte die Stadt mit Frankreich. Kurz darauf, 1. April 1682, ftarb Franz Egon. Ihm folgte fein Bruder Wilhelm Egon, geboren 2. December 1629, auf dem Bifchofsfitze von Strafsburg. Diefer hatte 1672 1000 Mann auf eigene Koften für Frankreich geworben und erhalten; am 14. Februar 1674 wurde er durch den kaiferlichen Gefandten Baron Lifola aufgehoben und nach Wien gebracht. Seine bald erfolgte Entlaffung aus der Haft ftimmte ihn nicht milder für das Haus Habsburg. Ueber Betreiben Ludwig's fchmückte der Papft den Fürften 2. September 1686 mit dem Cardinals-Purpur. — Siehe *Münch*, Gefchichte des Haufes Fürftenberg, IV. Theile, 1829—1847; *Erfch* und *Gruber* Encyclopädie, I. Section, 51. Bd, S. 497; — *Schloffer's* Weltgefchichte u. a. m. — Unter den Flugfchriften aus der Zeit der Wirkfamkeit der „Egoniften" feien aufgeführt: Gerechte und zu Erhaltung Ihrer kaif. Majeftät höchfter Gewalt nothwendige Gefangenfchaft des Prinz Wilhelm von Fürftenberg, 1674, 38 S.; — Guglielmi principis Fürftenberg; detentio ad Caefaris authoritatem.... 1674. — Der in einen Abt verwandelte eingebildete franzöfifche Churfürft, worin enthalten viel notable Particularitäten von des Cardinals von Fürftenberg Perfon... 1690, u. a. m.

Diefen Männern ftanden auf kaiferlicher Seite gegenüber der deutfche Reichs-Vicekanzler Wilderich Freiherr v. Walderdorff,[1] von welchem circa 40 Schriftftücke vorhanden, der Reichshofrath Leopold Wilhelm Graf von Königsegg, welcher im Jahre 1663 vom Kaifer an die Churfürften und Fürften des Reiches gefendet wurde, diefe zur Hilfeleiftung im Türkenkriege zu vermögen,[2] die geheimen Räthe Graf (Rudolf) Khurtz und Ifaak Valmerana Freiherr zu Rieden.[3] Diefe Aften umfaffen mit Einfchlufs eines kleinen Ternions mit 16 Documenten über den Einfall der Schweden auf bremifches Gebiet im Jahre 1661 bei 230 Stücke. Deutfchland betreffen die vorhandenen 64 Stück Briefe aus den Jahren 1657—1664 an und von dem Salzburger Metropoliten, Erzbifchof Guidobald Grafen von Thun,[4] welcher vom Jahre 1663 an als kaiferlicher Gefandter bei dem 1663 nach Regensburg einberufenen fogenannten „immerwährenden" Reichstage fungirte, durch feinen Eifer für die Intereffen der Habsburger Dynaftie und contiuuirliche Berichterftattung über die Vorgänge im Reichstage an den Minifter Portia fich verdient gemacht hat.

2. Correfpondenz in Staatsfachen des deutfchen Reiches *mit den Generalftaaten von Holland* (diplomatifcher Agent Friquet), 1659—1662, 36 Stück.

3. Correfpondenz in den Beziehungen Oefterreichs und Deutfchlands zu Spanien. Diefelbe ift grofsentheils chiffrirt und von den Jahren 1655 bis c. 1662 von dem kaiferlichen Gefandten in Madrid Johann Maximilian Grafen von Lamberg,[5]

---

[1] Wilderich Reichsfreiherr v. Walderdorff, Sohn des Chur-Trierfchen geheimen Rathes und Oberftkämmerers Johann Peter v. Walderdorff, geboren 14. Jänner 1617, Zogling des Collegium Germanicum in Rom, 1640 Domherr zu Mainz, 1650 Domdechant in Speier, 1653 Dompropft, 1658 Zeuge im Conclave bei der Kaiferwahl Leopolds I., 1659 deutfcher Reichs-Vicekanzler, 1662 kaiferlichur geheimer Rath, 1669 Fürftbifchof zu Wien, † 4. September 1680 und begraben im Stephansdome. Nach den Stellungen die er inne hatte, den zahlreichen Gefandtfchaften und Vertrauensfendungen, mit welchen er betraut worden ift, und den Zeugniffen der Zeitgenoffen, war er ein bedeutender Mann. Ifelin u. a. O.
[2] Leopold Wilhelm Graf von Königsegg, geboren 1630, 1653 Reichshofrath, 1664 bis 1666 Gefandter beim Könige Karl II. von England, 1667 Vice-Präfident des Reichshofrathes, 1675 durch die erbliche Ober-Comitive ausgezeichnet, 1676 Ritter des goldenen Vliefses. † Wien 5. Februar 1694.
[3] Valmerana war ein Verwandter Portias und als Diplomat viel verwendet. In dem unter diefen Schriften befindlichen Briefe Franz Egon's von Fürftenberg an Portia vom 21. Auguft 1660 aufsert fich Fürftenberg biffig über Valmerana oder wie derfelbe deutfch öfters genannt wird Volmar: „diefelben feyen verfichert, dafs der gute alte Volmar nit viel guetts mit feinem böfsen fchwartzeu vnd gefehrlichen Feder verrichten thutt" Ein Zeugnis, welches bei der notorifchen Gefinnungsweife Fürftenberg's nur beftätigt, dafs der „gute alte Volmar" feinen Gegner und „feine Praftiken" ganz durchfchaute.
[4] Guidobald Graf Thun, geboren 16 December 1616, nach dem Tode des Grafen Paris Lodron am 3. Februar 1654 Erzbifchof von Salzburg, am 18. October 1666 zugleich auch Bifchof von Regensburg, 7. März 1667 Cardinal, † 1. Jänner 1668.
[5] Johann Maximilian von Lamberg der Ortenecker Linie, geboren 28. November 1608, 1641 bereits Reichshofrath und mit feinem Bruder Johann Wilhelm in den Grafenftand erhoben, 1643 neben dem Grafen Maximilian von Trauttmansdorff bevollmächtigter Minifter am Friedens-Congrefs zu Münfter, welcher am 24. October 1648 durch den Friedensfchlufs zu Osnabrück beendet wurde. 1651 holte er die dritte Gemahlin des Kaifers Ferdinand III., Eleonora Gonzaga von Mantua ab und geleitete fie nach Wien. Kurz darauf ging er als kaiferlicher Botfchafter nach Madrid, blieb dort bis zum Jahre 1663,

in den Jahren 1662 und 1663 vom Botfchafts-Secretär Johann
Bernhard Schmid, von 1663 an vom neuen kaiferlichen Gefandten Grafen Franz Pötting geführt. Nicht ohne Werth find
11 Briefe von dem Beichtvater der Gemahlin König Philipp's IV.,
der deutfchen Habsburgerin Maria Anna, welche nach dem
Tode ihres Gemahls am 17. September 1665 die Regentfchaft
für ihren Sohn König Karl II. von Spanien übernahm. Der
Beichtvater P. Eberhard Naidhardt befafs bedeutenden Einflufs
am Hofe von Madrid, er wurde Grofs-Inquifitor in Spanien und
fchlofs fein Leben als Cardinal.[1]

Die von fpanifcher Seite ausgehenden Documente gehören
den höchften Staatswürdenträgern an, 17 Stücke find vom
Könige Philipp IV. eigenhändig gezeichnet, andere Correfpondenten waren der Minifter Don Louis de Haro,[2] Kafpar Guzman[3]
Marquis von Fuentes, der Gefandte am Wiener Hofe, Don
Lous Ponce de Leon Herzog de los Arcos, der Graf von
Peneranda, der Marquis von Mortara, Don Sebaftian de Uzedo,
Ramirus Numez Herzog Medina de la Torres († 1668). Gegenftände der Verhandlungen waren in diefen Jahren zumeift der
Krieg zwifchen Frankreich und Spanien, welcher durch den
pyrenäifchen Frieden (7. November 1659) abgefchloffen wurde,
die in diefem Friedensfchluffe ftipulirte folgenfchwere Heirat
Ludwig's XIV. mit einer fpanifchen Infantin, der Verzicht derfelben auf die Erbfolge in Spanien, dann der Krieg Spaniens
gegen Portugal im Jahre 1662.

1664 Toifonritter, 1665 im Gefolge Leopolds I. bei der Huldigung der heimgefallenen
Graffchaft Tyrol, 1675 Oberfthofmeifter, fpäter geheimer Staats- und Conferenz-Minifter,
in welcher Eigenfchaft er am 12. December 1682 ftarb. Er ift der Gründer der fürftlichen
Linie feines Gefchlechtes und gab dem Glanze desfelben durch Erwerbung der grofsen
Fidei-Commifs-Herrfchaft Steyer in Ober-Oefterreich eine dauerhafte Grundlage. Ueber
die Lamberge zu Stadt Steyer fiehe öfterreichifches Archiv, VII, 187—203.

[1] Der Cardinal entftammte einem Gefchlechte, welches in den Grafen Neidhardt
von Gneifenau noch in Deutfchland fortlebt. Der deutfche General des letztgenannten
Beinamens zog zur Zeit Napoleon I. die Blicke der Zeitgenoffen auf fich. Johann Eberhardt gehörte der oberöfterreichifchen Linie auf Spatenbrunn an, welche im Schlefien im
Grafenftande erlofchen ift. Diefe Linie kam erft im 16. Jahrhunderte mit einem Conrad
nach Oefterreich, deffen Sohn Johann Spatenbrunn erbaute und der Vater des zu Falkenftein in Ober-Oefterreich 8. December 1607 geborenen Johann Eberhardt Naidhardt wurde.
Diefer wurde (angeblich nach einem bewegten Vorleben) 1631 zu Gratz Jefuit, Doctor der
Theologie und Philofophie, Profeffor der Ethik, der Philofophie und des Kirchenrechtes
in Graz, veröffentlichte mehrere (8) Schriften, war einer der Lehrer des nachmaligen
Kaifers Leopold I., ging um 1649 mit der Königin Maria Anna nach Spanien, wo er
Grofs-Inquifitor, fpäter fpanifcher Gefandter in Rom, 1672 Cardinal wurde und zu Rom 1680
ftarb. In Inner-Oefterreich lebten einige Angehörige diefes Namens, welche wahrfcheinlich
dem Stamme des Cardinals und des deutfchen Feldmarfchalls zugezählt werden dürfen.
Unterm 24. Jänner 1592 ift ein Mathes Neidhart als hausgefeffener Bürger der Stadt
St. Veit in Kärnten urkundlich conftatirt. Leopold Gottlieb v. Neidhardt waltete zeuge
eines Briefes vom 21. März 1664 als Amtmann zu Vordernberg in Oberfteier, fein Siegel
zeigt im Herzfchilde das Kleinod, deffen fich auch der Feldmarfchall Graf Auguft Wilhelm
Anton v. Gneifenau († 1831) bedient hat. Diefer Leopold v. Neidhardt war ein Bruder des
Cardinals, wurde 1664 Oberkammergraf in Eifenerz, in deffen Nähe er fich 1666 das nach
feinem Rufnamen benannte Schlofschen Leopoldftein erbaute.

[2] Das 40 Blatter umfaffende Manufcript einer Gefchichte diefer Familie, gewidmet
dem Don Diego Lopez de Haro y de Satomayor Marquis de Carpio kam in die Bibliothek
des preufsifchen Geheimrathes von Hecht und wurde 1881 von T. O. Weigel in Leipzig,
Catal. 2, Nr. 847, um 28 Mark zum Verkaufeausgeboten.

[3] Wohl der Sohn des 1643 geftürzten und am 22. Juli 1645 verftorbenen Minifters
Gasparo de Guzman Grafen v. Olivares, Herzogs von San Lucar

Die fpanifchen Correfpondenzen umfaffen zufammen nahezu 400 Stück.

4. Berichte über polnifche Verhältniffe an den Fürften Portia, erftattet vom kaiferlichen Hofkammerrathe Baron de Lifola und dem Jefuiten-Pater Albertus Columna Ciecifeski (?), theilweife chiffrirt, 1658—1662, 27 Stück. Die Perfönlichkeit Lifola's[1] erhöht den Werth diefer Berichte.

5. Correfpondenz in ungarifchen Staatsfachen aus den Bewegungs- und Kriegsjahren 1660—1663, von ungarifchen Grofswürdenträgern, Magnaten und Gemeinden an den Minifter Portia.

Es kommen darin vor unter anderen: Fürft Georg Rákóczy 1658—1660 mit 5 Stück, der Palatin Franz Weffelényi,[2] der Primas zu Gran Erzbifchof Johann Lippay († 2. Jänner 1666), der Kanzler Georg Selepczényi Erzbifchof von Kalocza und Bifchof zu Neutra,[3] Niclas Pálffy, Dionys Bánffy, Batthyányi, Báthory, Sigmund Petheö, Ladislaus Károly, Martin Kászony, Simon Kemény, Stephan Koháry,[4] Stephan Csáky, Michael Teleki, Peter Ebényi, Niclas Erdödy, Adam Forgács, der Vertheidiger von Neuhäufel 1663, Georg Graf Frangepani, Franz Nádasdy, Judex Curiae von Ungarn, Stephan Zichy, die Brüder Niclas und Peter Zrinyi.[5]

Diefe Correfpondenz, nahe 200 Stück umfaffend, dürfte einerfeits das muthige Auftreten wider unerwünfchte Verfaffungsänderungen, anderfeits aber noch mehr das lebhafte Intriguenfpiel der ungarifchen Grofsen jener Zeit in einigen bisher noch dunkel gebliebenen Partien aufhellen.

Ueber die auswärtige Lage, die Beziehungen zu den Osmanen geben drei in Beilage VI abgedruckte Berichte Auf-

[1] Franz Baron de Lifola, geboren Befançon um 1610, geftorben in Wien 13. December 1674. Einer der bedeutendften Diplomaten feiner Zeit, zuerft in Warfchau, dann in Madrid, London und in Haag als Gefandter thatig. Auf den letzten drei Poften war es fein Streben, die Züge der franzöfifchen, zur Univerfalmacht ftrebenden Politik Ludwig XIV. zu durchkreuzen. In diefem auch durch zahlreiche Flugfchriften an den Tag gelegten Beftreben hatte er die Genugthuung, den glühenden Hafs Ludwig XIV. zu ernten, welcher gar wohl erkannte, wie viel ihm Lifola gefchadet hatte. Vergleiche Julius *Grofsmann:* „Der kaiferliche Gefandte Franz von Lifola im Haag, 1672—1673" im Archive für öfterreichifche Gefchichte 51. Bd., 1. Hälfte, S. 1—194 (1873).

[2] Geftorben auf feinem Schloffe Murány in den Karpathen 1667.

[3] Nach den vorhandenen Handfchreiben des Kaifers an Portia zu urtheilen hatte er einige recht warme Audienzen zu beftehen.

[4] Geblieben als Oberft in der Schlacht bei Szent-Benedek am 19. Juli 1664.

[5] Niclas Zrinyi, feinem gleichnamigen Ahnherrn ahnlich, ein berühmter Held. Als Generalliffimus in Ungarn und Ban von Croatien beftand er manchen Kampf mit den Türken, die ihm den ehrenden Beinamen „des Eifenpfahl" gaben. Er war auch der Erbauer der Vefte Zrinyivár (Serinwar), ftarb leider fchon 1664. Des Niclas Bruder Peter Herr zu Tfchakathurn und Bukari folgte jenem in der Würde als Ban von Croatien, wurde in die ungarifche Verfchwörung verwickelt und ftarb am Schaffot am 30. April 1671 als der vorletzte Zrinyi. Seine 1643 geborene Tochter Helene war zuerft 1666 vermält mit Franz Rákóczy, nach deffen am 8. Juli 1676 verftorben war am 14. Juni 1682 wiedervermalt mit Emerich Tököly, dem Haupte der antiöfterreichifchen Partei in Ungarn. Helene Zriuyi, die letzte diefes edlen Namens, erinnerte durch ihre Vertheidigung von Munkács nochmals die Zeitgenoffen, dafs Heldenblut in ihren Adern walle. Als Gemahlin des Grafen Emerich Tököly's mufste fie fliehen und ftarb in Klein-Afien zu Nicomedia 18. Februar 1703, im Elende zwar, aber ungebeugten Sinnes.

fchlufs, welche ddo. 9., 20. und 21. Juli 1663 der kaiferliche Gefandte bei der Pforte (fpätere Cardinalbifchof von Gurk) Johannes von Goëfs an den Fürften Portia richtete.

6. *Verhandlungen mit Edelleuten der Graffchaft Görz,* fo mit den Petaz, Coronini, Lanthieri, Strafsoldo, ein kleines Packet.

7. *Acten* des Grafen Johann Ferdinand Portia in feiner Eigenfchaft *als Gefandter (Orator) bei der Republik Venedig* 1647—1653 und als Mittelsmann bei den damaligen und auch fpäteren Commiffionen, welche ihm in den Beziehungen des Kaiferhofes und des erzherzoglichen Hoflagers in Innsbruck zur Signoria von Venedig, fowie zu den übrigen italienifchen Fürftenhäufern übertragen worden find.

Diefe Acten umfaffen etwas mehr als 600 Stück und find darunter enthalten 110 Original-Erläffe des Kaifers Ferdinand III., dann 26 derlei des Regenten in Tyrol, Erzherzogs Ferdinand Karl an den Gefandten Portia, 3 Schreiben des Dogen (Mauthbefreiungen für Portia), circa 60 Actenftücke der inneröfterreichifchen Hofkammer, meift von merkantilen und Verkehrs- (Schiffahrts-) Angelegenheiten; ebenfo kommen Grenzftreitigkeiten, das Bergwerk in Idria hinfichtlich des Abfatzes feiner Producte zur Sprache.

Von Intereffe für die innere Gefchichte Oefterreichs ift der Auftrag des Kaifers vom 7. März 1652, Portia folle fich insgeheim erkundigen, welche Zwecke der Graf Peter Zrinyi bei feinen oftmaligen Reifen nach Venedig und eben jetzt wieder verfolge. Graf Peter fcheint alfo fchon damals der Regierung verdächtig gewefen zu fein.[1]

8. *Varia.*

Ein Inventar des kaiferlichen Marftalles nach dem Tode des Kaifers Ferdinand III. 1657.

Ein „General-Project" über die von Euer kay: May, allergnädigft refolvirte Einführung deren Commercien": circa 1660

---

[1] Eine andere Affaire von Belang fpielte, als Portia unterm 1. September 1652 zum Oberfthofmeifter des Erzherzogs Leopold ernannt worden war und Venedig verliefs. Da gab es im September 1653 Anftände mit feinem Nachfolger, dem kaiferlichen Refidenten Bernhard Valerius Soldan. Derfelbe, als Sohn des Kaufmannes Peter Soldan zu Graz in Steiermark am 12. Februar 1615 geboren, wird in den Acten der inneröfterreichifchen Regierung in Grätz, wo er als Rath amtirte, häufig genannt und hatte fich den Ruf der Tüchtigkeit erworben, diefe auch fpäter als Verwefer in Görz 1657—1661 bewährt, wo er die in der Juftiz-Verwaltung eingeriffenen Mifsbräuche ausfegte.(*Czörnig :* Görz S. 796—7.) Allein er war im Gegenfatze zu feinen beiden Vorgängern kein Italiener und wurde darum, fowie fpäter in Görz, auch von der ftolzen venetianifchen Signoria angefeindet. Der Doge wollte ihm keine Audienz geben, denn er wäre nach Meinung der Italiener „pieno di male talento vnd voll vblen Willenfs gegen fie". Der Kaifer nahm aber die Sache nicht fo leicht und beftand darauf, dafs die Republik feinen Gefandten empfange, erft nachdem dies gefchehen, könne er an die neuerliche Abfaffung Soldan's erwägen. Darüber fchwebten langathmige Verhandlungen, welche Portia mit dem venezianifchen Gefandten Giuftiniani in Wien endlich mit der Andeutung führt, dafs fich der Kaiferhof diefem gegenüber reciprok erweifen müfste. Letzteres half, der Doge hat endlich den kaiferlichen Gefandten Soldan in Audienz empfangen, worauf derfelbe im April 1654 vom Kaifer wieder abberufen wurde.

und wohl aus derselben Zeit eine tabellarische Specification des „Consumo" der österreichischen Erblande — und anderes mehr.

9. Persönliche Angelegenheiten des Fürsten.

a) Verhandlungen über Verleihung des Fürstenstandes und der Comitiva major. (Diplom vom 17. Februar 1662.) Ein Packet mit Correspondenzen und dann auch den Glückwünschen, welche Portia aus diesem Anlasse erhielt. Interessant sind die hier erliegenden vollkommen ausgefertigten, auch bereits mit dem kaiserlichen Secretsiegel verschlossen gewesenen, aber dann wieder geöffneten und nicht expedirten gleichlautenden Handschreiben des Kaisers an die 7 Churfürsten des Reiches mit dem Datum des Fürsten-Diplomes. Der Kaiser theilt den Churfürsten mit, dafs er seinen Obersthofmeister Portia in den Reichsfürstenstand mit Verleihung des Münz-Privilegiums erhoben habe und ersucht die Churfürsten, diese mögen Portia auch den churfürstlichen Collegiat-Consens hiefür ertheilen.

b) Erwerbung der Grafschaft Mitterburg (Pisino) in Istrien.

Diese Grafschaft mit 6 Städten und 9 Märkten war seit vielen Jahren fast immer pfandweise an reiche Edelleute vergeben.

Mitte des 17. Jahrhunderts war dieselbe im Besitze des Grafen Hieronymus Flangini, welchem Johann Ferdinand Portia dieselbe um 350.000 fl. ablöste. Der Kaiser genehmigte nicht nur dieses Geschäft, sondern überträgt dem Grafen Portia mit dem Briefe ddo. Grätz, 5. August 1660 die Grafschaft statt als Pfandschaft nun als freies Eigenthum.

Als Portia Fürst geworden, war Leopold I. geneigt, seinem Lieblinge Mitterburg als gefürstete Grafschaft mit Souverainetäts-Rechten einzuräumen.[1] Portia's Rivale Auersperg trat als Opponent auf und veranlafste die Krainer Stände, gegen die Abtrennung eines so bedeutenden Landestheiles sich zu wehren.

Der Kaiser fafste dann auch Bedenken[2] und die Sache unterblieb. Nur als reichsunmittelbare Grafschaft hatte Mitterburg für Portia einen Werth; die Immediatitäts-Erklärung für dieselbe konnte er nicht erreichen und so verlangte er von der krainischen Landschaft, deren Opposition die Erfüllung seines Wunsches hinderte, die Ablösung seines Besitzes.

Es kam 1664 zu Kaufsverhandlungen mit den Krainer Ständen, welche 520.000 fl. bieten. Portia verlangte 550.000 fl., und es findet sich in den Verhandlungen wegen dieser Preisdifferenz die Bemerkung des Fürsten, dafs nicht allein das Land, sondern auch die damit für ihn in Aussicht gestandenen

---

[1] Handschreiben des Kaisers vom 18. April und 17. Mai 1662.
[2] Handschreiben vom 9. November 1663 in Beilage II.

Hoheiten zu veranfchlagen kommen. Bezeichnend ift der verftärkende Beifatz: weder er noch irgend einer feiner Nachkommen werden je in die Lage kommen, nochmals ein folches Gebiet zu erwerben. Die krainifche Landfchaft acceptirte nun auch am 30. Jänner 1665 den höheren Kauffchilling und durch die darauf am 4. Februar 1665 gegebene zuftimmende Erklärung wurde der Vertrag vollkommen.
Der Kaufbrief wurde dann am 31. März 1665 von den Erben des Fürften Johann Ferdinand ausgefertigt. Circa 50 Aftenftücke.

c) *Eigenhändige Correfpondenz des Fürften* Johann Ferdinand mit feinem Sohne Johann Karl und anderen Verwandten.

d) *Correfpondenz* in Wirthfchaftsfachen mit den Verwaltern der Güter (Ortenburg, Prem, Senofetfch).

e) *Beileidsfchreiben* gekrönter und notabler Perfönlichkeiten nach dem Tode des Fürften Johann Ferdinand an den Sohn, vom Jahre 1665, 45 Stück.

N. Johann Carl Fürft von Portia, Sohn des Minifters Johann Ferdinand, war kaiferlicher Kämmerer und Reichshofrath, am 11. Auguft 1666 wurde er zum Landeshauptmanne in Kärnten ernannt, ftarb aber fchon am 27. April 1667. Er gründete das Portia'fche Majorat, fundirt mit der Graffchaft Ortenburg.

Von ihm find nur Correfpondenzen perfönlichen Gepräges ohne politifche Färbung vorhanden.

O. Franz Anton Fürft Portia, Sohn des vorigen, 1696 kaiferlicher geheimer Rath, † ohne Descendenz 1698, fo dafs mit ihm die vom Prosdocimus Portia gegründete Linie fchlofs.

Um die Reichsftandfchaft zu erlangen, kaufte er 1690 von Hanns Heinrich Keller von Schleitheimb Freiherrn zu Yfenburg die reichsunmittelbare Herrfchaft Dettenfee in Schwaben.

Ueber diefen Kauf, dann die Anerkennung der mit dem Befitze von Dettenfee verbundenen Reichsftandfchaft, find langwierige Verhandlungen in einem Aften-Pakete erhalten.

P. Hannibal Alfons Emanuel Fürft von Portia, der Alfonfifchen Linie, welche nach der erlofchenen des Prosdocimus im Fideicommiffe folgte; geboren 7. Mai 1679, wurde er über Verzichtleiftung feines nach dem Fürften Franz Anton zur Nachfolge berufenen Vaters Hieronimus Ascanius im Jahre 1698 Fürft. Er war kaiferl. und churbayerifcher Kämmerer, kaiferl. geheimer Rath, wurde 1703 für eine Botfchaft an den Hof des Zars Peter von Rufsland defignirt, war von 1705—1709 Generaloberft der kroatifchen und Militär-Gränze, 1713 innerösterreichischer geheimer Rath, 1714 bis 1716 Präses der zur Unterfuchung des Tolmeiner Bauern-Aufftandes abgeordneten Commiffion, 1716 erreichte er die Würde als Landeshauptmann in Kärnten. Im Jahre 1715 widerfuhr ihm die Auszeichnung, zum Vertrauensmanne des Churfürften Max Emanuel von Bayern in einer perfönlichen Angelegenheit mit dem Kaiferhofe auserwählt zu werden. Fürft Hannibal ftarb am 4. November 1738. Von ihm find vorhanden:

1. Artigkeitsbezeugungen weltlicher und geiftlicher Fürften, familiäre Correfpondenzen u. dgl.

2. Acten aus Anlafs der *projectirten Botfchaft* des Fürften *an den Hof Peters des Grofsen* nach Moskau, 1703—1705. Ein zufammengehefteter Fascikel mit 36 Documenten.

Die Acten beginnen mit einer Schilderung des Verlaufes der feit dem Jahre 1654, meiftens zur Beilegung der Feindfeligkeiten zwifchen Rufsland und Polen vom Kaiferhofe nach Moskau entfendeten Botfchaften, enthalten weiters einen vom Kaifer und dem Prinzen Eugen von Savoyen unterzeichneten Pafs, einen folchen des Königs Auguft II. von Polen, das Original Credenzfchreiben des Kaifers an den Zar Peter ddo. Wien, 6. Auguft 1704 für den Fürften und den ihm beigegebenen Hofrath Jacob Ernft Edlen von Plöckhner,[1] des Fürften „Confiderationes über die moscovitifche Rayfs" vom 24. Juli 1704, die Inftruction vom 16. Auguft 1704 in dem vom Kaifer unterzeichneten Original, Verhandlungen über die Befchaffung der nöthigen Gelder durch den Augsburger Wechfelherrn Johann Jacob von Schwarz, dann über die vom Fürften, als es zur Abreife gar nicht kam, erhobenen Entfchädigungs-Anfprüche aus Anlafs der koftfpieligen Ausrüftung für diefe Gefandtfchaft, des Warte-Aufenthaltes in Wien vom Juni 1703 bis Auguft 1705, wo diefe Gefandtfchaft endgiltig abbeftellt wurde.

Die Veranlaffung zur Abficht der Entfendung Portia's bot eine Gefandtfchaft des Zars an den Kaifer. Fürft Peter Galitzin hatte namens feines Herrn dem Kaifer ein Offenfiv-Bündnis wider Schweden und Türken vorgefchlagen. Diefes Anerbieten follte durch Portia dahin erwidert werden, dafs fich der ohnehin mit Frankreich im Kriege befindliche Kaifer in ein folches Bündnis nicht einlaffen könne, wohl aber wolle derfelbe dahin wirken, dafs der Friede von Oliva reftabilirt, ebenfo feinerfeits das 1697 gefchloffene beftändige Defenfiv-Bündnis gegen die Türken aufrecht erhalten werde; zugleich acceptire der Kaifer das Anerbieten des Zaren zu einem Darleihen von 2 Millionen und fei der Zar zum Beitritte in die Allianz gegen

---

[1] Dasfelbe wurde vom Fürften Ferdinand Portia für das Familien-Archiv zurückbehalten.

Frankreich einzuladen. Religions - Angelegenheiten, einzuleitende Handels-Verbindungen etc. bildeten weitere Programm-Punkte der Verhandlung.

Es fcheint, dafs in Folge der Schwierigkeit, die Gefandtfchaft durch das von den Heeren Karl XII. von Schweden durchzogene Polen ungefährdet hindurchzubringen, die Abfendung der Gefandtfchaft unterblieb.

3. Zwanzig Schreiben des *Churfürften Max Emanuel von Bayern*, u. zw. die Vollmacht desfelben an den Fürften (Hannibal Alfons Emanuel)[1] Portia zu Verhandlungen wegen Verheiratung feines Sohnes, des am 6. Auguft 1697 geborenen Churprinzen Karl Albert von Bayern mit der älteften Tochter des Kaifers Jofeph, der am 8. Mai 1699 geborenen Erzherzogin Maria Jofepha; dann 19 diefelbe Angelegenheit betreffende Briefe des Churfürften in franzöfifcher Sprache, u. zw. aus den Jahren 1715 und 1716 je 9 Briefe, dann noch einer des Datums 28. Jänner 1718; aufserdem noch mehrere Correfpondenzen in diefer Angelegenheit von den Herren Ernft von Efich, Stoll und von Wilhelm. Diefe Heirat kam zwar nicht zu Stande, denn die Erzherzgin Maria Jofepha wurde 1619 an Friedrich Auguft, nochmaligen Churfürften zu Sachfen und König von Polen vermält. Dafür erhielt der bayerifche Churprinz im Jahre 1722 die am 22. October 1701 geborene jüngere Tochter des Kaifers, Erzherzogin Maria Amalia zur Gemalin.

4. Die Acten des Fürften Hannibal als *General der kroatifchen und Meer-Gränze*. Fürft Hannibal kaufte am 24. Januar 1705 vom Feldmarfchall-Lieutenant Franz Karl Grafen von Auerfperg das Generalat zu Karlftadt, empfing dann unterm 30. Mai 1705 vom Kaifer Jofeph die Beftallung als General-Oberft der kroatifchen Meergrenzen, verfah vom September 1705 an perfönlich fein Commando, verkaufte dasfelbe wieder am 30. Juni 1709 an den Vice-Präfidenten des inneröfterreichifchen Hofkriegsrathes Feldmarfchall-Lieutenant Jofeph Grafen von Rabatta.

Ueber die Gefchäftsführung im Generalate liegen vor eine Reihe von Befehlen des inneröfterreichifchen Hofkriegsrathes in Grätz, Eingaben der Hauptleute zu Karlftadt, Kreutz, Fiume, Zengg etc., Concepte von Berichten und Befehlen u. zw. aus der Zeit von 1623—1704 circa 70 Stücke, aus der Zeit der Amtsführung Portias von 1705—1709 circa 300 Stück, zufammen bei 370 Actenftücke.

5. Unterfuchungs-Acten über den *Tolmeiner Bauern-Aufftand* im Frühjahre 1713.

---

[1] Der Taufname des Fürften ift aus keinem der Briefe zu entnehmen.

Schon im Jahre 1656 beklagten fich die Unterthanen des Grafen Peter Anton v. Coronini zu Tolmein und Umgebung über zu hohe Anforderungen der Herrfchaft und lehnten fich endlich auf. Damals hat der inneröfterreichifche geheime Rath in Grätz mit dem Patente vom 14. December 1656 die Tulminoten zum Gehorfam ermahnt. Diefe Mahnung fcheint keine dauernde Wirkung gehabt zu haben. Nicht nur die Anfprüche des Grafen Coronini, auch jene der Grafen Lanthieri gaben Anftofs zu Klagen, welche 1703 von den Tolmeinern in 15 Befchwerdepunkten zur Kenntnis der Regierung gebracht wurden. Dafs von den Bauern in der That ungebührliches gefordert worden war, gibt die Verordnung des geheimen Rathes in Grätz vom 7. März 1703 zu entnehmen, welche feftfetzt, dafs die Tolmeiner Unterthanen des Grafen Jacob Anton Coronini nicht verhalten werden dürfen, aufser Landes im Gebiete von Trieft Robot zu leiften; ihre Verpflichtung erftrecke fich nur auf das Gebiet der Herrfchaft und noch — doch gegen billige Entfchädigung für Pferde und Wagen — auf das Gebiet der Graffchaft Görz; auch follen in einem Jahre nur zwei Roboten geleiftet werden. Zugleich erfahren durch die Regierung die Gebühren bei Verlafs-Inventuren und die Steuern eine billige Regelung.

Die beiden ob Unterthanen-Druckes zumeift befchuldigten Herrfchaften der Graffchaft Görz, das ift Tolmein (Graf Coronini) und Reiffenberg am Karft (Graf Lanthieri) fcheinen jedoch ihre alten Anfprüche aufrecht erhalten zu haben, fo dass die unter der Afche glimmenden Funken im Frühjahre 1713 zur hellen Flamme emporloderten. Eine organifirte bis zu den kärntnifchen Gränzen, nach Idria und auf den Karft in Krain, dann in das Triefliner Gebiet reichende Erhebung der Bauern, vornehmlich aus den Ortfchaften Tolmein, Canale, Coglio, Gargaro, St. Lorenzo, Reiffenberg und Schwarzenegg, fand ftatt. Die Zahl der Aufftändifchen wurde von der Regierung mit 6000 beziffert, welche die Landespäffe befetzten, die Landeshauptftadt Görz überfielen, die Beamten vertrieben, eine revolutionäre Regierung einfetzten, Mäute, Zölle und Abgaben einzuheben anfingen. Aus der Karlftädter Gränze wurde Militär herbeigezogen, deren Commandant Ferdinand Ernft Freiherr von Kulmer mehr durch fein ruhiges leidenfchaftlofes Auftreten, als durch Anwendung von Gewalt die Aufftändifchen zerftreute und die Ruhe wieder herftellte. 72 der Häupter wurden in Unterfuchung gezogen.

Zur Durchführung diefer Unterfuchung und Pacification des Landes wurde im Juni 1713 eine Commiffion abgeordnet, beftehend aus dem Fürften Hannibal Alfons Portia als Präfes, dem geheimen Rath und innerösterreichifchen Vice-Statthalter Johann Chriftoph Grafen von Wildenftein zu Wildbach und dem innerösterreichifchen Hofkammerrath (fpäter Regierungs-Kanzler) Johann Jofeph von Luidl als Mitglieder.

Diefe Commiffion amtirte über zwei Jahre und nach Schlufs ihrer Unterfuchung liefs fie 11 Rädelsführer hinrichten und verurtheilte die übrigen 61 zu gröfseren und geringeren Freiheitsftrafen, dann Confiscation ihres Vermögens. Der innerösterreichifche geheime Rath in Grätz anerkannte unterm 24. Juli 1716 das fachlich und formell gefetzmäfsige Verfahren der Commiffion, beftätigte ihre Urtheile, liefs fich aber aus Gnade bewegen, hinfichtlich der noch nicht durchgeführten Freiheitsftrafen einen General-Pardon zu erlaffen, die ausgefprochenen Vermögenseinziehungen bei den Verurtheilten nach Maafsgabe ihrer Schuld auf $3/4$, $2/3$, $1/2$ und $1/3$ ihres Vermögens zu reduciren, aus welchen Subftanzen, dann den auf die renitenten Gemeinden repartirten Strafgeldern, die Commiffions- und Procefs-Koften theilweife hereinzubringen waren. Die Unterfuchung wider einige in die Affaire verwickelte Edelleute (Baron Formentini, Paul Radenfchitz und Graf Anton Attems) blieb noch im Gange.

Ueber diefe Angelegenheit find vorhanden: Verordnungen vom geheimen Rathe, der innerösterreichifchen Regierung und Kammer in Grätz an die Commiffion, die Berichte der letzteren an jene Stellen, zahlreiche Verhörs-Prokolle mit den Theilnehmern am Aufftande und anderen Intereffenten. Zufammen 500 Aftenftücke, ungeordnet und wie es fcheint incomplet.

Die Bemerkung (bei Czörnig, Görz S. 625, Note), Graf Jacob Anton Coronini habe ohne Anwendung gewaltfamer Mittel „durch feine Umficht" den 1713 unter den Tolmeiner Bauern ausgebrochenen Aufftand geftillt, dürfte nach der hiemit gekennzeichneten Aftenlage die Probe nicht beftehen.

Q. *Carl Graf von Portia* (Hannibals Bruder) geboren 1683, 1717 Oberft im Infanterie-Regiment D'Arnand, 1720 General, † 1722 in Neapel.

Vorhanden einige feine Dienftleiftung betreffende Schriften, darunter ein an den Grafen Karl gerichtetes Schreiben des Prinzen Eugen von Savoyen aus dem Jahre 1717.

R. *Hermes Graf von Portia* (Bruder des Fürften Hannibal) geboren 1688, 1745 infulirter Probft zu Beruccio und Pfarrer zu Spittal, kurz darnach Pfarrer zu Villach und Erzpriefter für Ober-Kärnten.

Vorhanden ein Paket Amts-Aften aus dem Verhältniffe als Erzpriefter.

S. Alfons Gabriel Fürst von Portia, der Alfonfifchen Linie, geboren Görz, 19. Jänner 1761. Er wurde 1785 Kreiscommiffär in Görz, 1791 Prätor in Gradisca, 1795 Verordneter des Herrenftandes der Graffchaft Görz, 1802 Delegat in Udine, 1814 Hofcommiffär zur Organifirung der italienifchen Provinzen, 1815 Vice-Präfident beim Gubernium in Venedig, 1817 geheimer Rath, 1819 Vice-Präfident in Laibach, 1822 Gouverneur in Trieft, refignirte krankheitshalber im November 1823, wobei ihm mit kaiferlichem Handfchreiben das Grofskreuz des Leopold-Ordens verliehen wurde. 1830 erhielt der Fürft den Orden des goldenen Vliefses. Er ftarb zu Mailand am 20. April 1835.
Ein Paket Aften über feine Dienftleiftungen.

T. Maximilian Graf Portia, der Alfonfifchen Linie, bayerifcher Aft, war Kammerherr und Oberfthofmeifter der Gemalin des Churfürften Ferdinand Maria von Bayern, gründete mit dem Teftamente vom 12. Auguft 1678 das auf die Herrfchaft Ober- und Nieder - Lauterbach nächft Landshut in Bayern bafirte Primogenitur-Fidei-Commifs in Bayern, ftarb 1679, überlebt von feiner dritten Gemalin Magdalena Maria, der Tochter des 1638 verftorbenen Pfalz-Neuburg'fchen Geheimraths-Präfidenten und Statthalters in Neuburg Goswin Freiherrn von Spirinckh. Diefe kam am 13. Februar 1640 in das „Frauenzimmer" der Churfürftin in Bayern, Maria Anna und blieb von da an bis zu ihrem Tode im Jahre 1685 in den Dienften des bayrifchen Hofes, zuletzt als Erzieherin der Kinder des Churfürften Ferdinand Maria von Bayern († 26. Mai 1679), aus deffen Ehe mit der favoyifchen Princeffin Henriette Adelheid († 18. März 1676).

Von beiden Gatten, welche am 18. Juni 1651 ihr Vermälungsfeft begingen, fanden fich vor:

a) drei Briefe der Churfürftin Henriette Adelheid an den Grafen Max Portia aus den Jahren 1661, 1669 und 1672.

b) Verfchiedene Vormerkungen, das Oberfthofmeifter-Amt betreffend, von der Hand der Gräfin.

c) 16 eigenhändige Briefe der Erzherzogin Maria Anna von Oefterreich, 1635 Gemahlin und 1651 Witwe des Churfürften Maximilian von Bayern, † 28. September 1665. Diefe Briefe gehören der Zeit vom 11. Mai 1654 bis zum 23. März 1664 an.

d) 31 Stück eigenhändige, ungemein gemüthvolle Briefe der Herzogin *Maria Anna Chriftina von Bayern,* geboren als Tochter des Churfürften Ferdinand Maria am 7. November 1660, vermält 7. März 1680 mit dem Dauphin *Ludwig,* Sohne König Ludwigs XIV. von Frankreich, † 20. April 1690.

Alle diefe Briefe find an die ehemalige Erzieherin der Dauphine, Gräfin Portia gerichtet; einer gehört noch der

Heimat an, ift aus Schleifsheim, 28. Juni 1678 datirt, alle folgenden aber kamen aus Frankreich, der erfte aus Rohan, 27. Februar 1680, der letzte aus Verfailles, 23. Jänner 1685. Sie bekunden bei allem Eheglücke, welches die Dauphine genofs, die innigfte Anhänglichkeit an die Heimat, ein kerndeutfches weibliches Herz. Die Portia ift die intimfte Vertraute der Fürftin, vor welcher fich auch das kleinfte Fältchen ihres Innern öffnet, fie erfährt auch „vor andern" die von der Dauphine erfehnte Schwangerfchaft, wie andere privatiffima. Der Abfchlufs diefer Correfpondenz mit dem Jänner 1685 erklärt der in diefe Zeit fallende Tod der Gräfin Portia; die Inventur nach derfelben begann am 15. Februar 1685.

e) 5 Stück eigenhändige Briefe der Herzogin Maria Violanta Beatrix von Bayern (Schwefter der vorigen, geboren 23. Jänner 1673) aus den Jahren 1682 bis 1684.

f) 1 Brief eines nicht genannten bayerifchen Herzogs im Knabenalter, ddo. 23. Jänner 1683 an einen jungen Grafen von Portia. Wahrfcheinlich war Herzog Jofeph Clemens, geboren 5. December 1671 und fpäter Churfürft von Cöln, der Schreiber.

U. Repräfentative und familiäre Correfpondenz der Fürften Portia.

a) vor dem Befitze der Graffchaft Ortenburg als Grafen,
b) feither, das ift vom Jahre 1662 an, u. zw.:
1. Fürft Johann Ferdinand, † 1665,
2. „ Johann Karl, † 1667,
3. „ Franz Anton, † 1698,
4. „ Hieronymus Ascanius, verzichtet 1698, † 1712,
5. „ Hannibal Alfons Emanuel, † 1738,
6. „ Anton Euftach, † 1750,
7. „ Alfons Gabriel, † 1776,
8. „ Jofeph, † 1785,
9. „ Franz Seraphin, † 1827, der Humanift und Dichter, [1]
10. „ Alfons Gabriel, † 1835,
11. „ Alfons Seraphin, † 1876,
12. „ Leopold, † 1878,
13. „ Ferdinand, der jetzige Befitzer der Graffchaft Ortenburg.

Bei der befchränkten, mir zur Verfügung ftehenden Zeit konnte die Sortirung des Ortenburger Archives durch mich allerdings nur eine erfte, mehr flüchtige fein, welcher nach Gelegenheit die Ordnung im Detail wird folgen müffen. Der bei diefer erften Durchfchau an den Tag getretene nicht gewöhnliche Werth des Archives feffelte das Intereffe des

[1] *Wurzbach*, Lexicon XXIII. 117 ff

kunftfinnigen und ebenfo den hiftorifchen Wiffenfchaften befreundeten Burgherrn. Gleich nach dem Beginne der Arbeit traf Fürft Portia Anordnungen, welche die künftige beffere Confervirung der Archivalien betrafen. Um das nach den heutigen Verhältniffen für das Haus nicht mehr nöthige, aber doch an berufener Sammelftätte erwünfchte hiftorifche Materiale diefer zuzuführen, genehmigte der Fürft ebenfo die Abgabe einer grofsen Partie von Aften und Protokollen, deren Inhalt ausfchliefslich die bis 1848 beftandenen Patrimonial-Verhältniffe berührt, an den Gefchichtsverein für Kärnten. Dermal konnte für den Verein nur das bei Seite gelegt werden, was ohne nähere Durchficht zweifellos dahin gehört, (Stift-Regifter, Inventare, Aften politifchen Inhaltes, Civilund Straf-Proceffe, Gerichts- und andere Protokolle etc.). Bei Gelegenheit einer künftigen Bearbeitung des Archives im Detail wird erft das Werthvollere an den Gefchichtsverein gelangen können.

Diefe — wie erwähnt — allerdings nur vorläufige Auftheilung, die Scartirung des zweifellos völlig werthlos gewordenen, ermöglichten eine gröfsere Concentrirung des Verbleibenden, die Herftellung leichterer Ueberficht.

Meine Berichte über die Entdeckungen im Archive von Spittal veranlafsten das k. k. *Reichskriegs-Minifterium*, ebenfo Seine Excellenz den Director des k. k. geheimen Haus-, Hofund Staats-Archives, Geheimrath Dr. Ritter v. *Arneth*, Seine Durchlaucht den Fürften Ferdinand *Portia* noch insbefondere zu begrüfsen. In Folge deffen fand fich der Fürft bewogen, dem k. k. *Kriegs-Archive* jene (unter P. 4 und 5 aufgeführten), das Generalat Karlftadt und den Tolmeiner Bauernaufruhr im Görzifchen im Jahre 1713 betreffenden Amtsaften des General Hannibal Alfons Fürften von Portia zu cediren, foweit diefelben nicht perfönliche Beziehungen zur Familie enthalten; diefer Partie wurden dann auch einige militärifche Aftenftücke aus der Zeit des erften Fürften Johann Ferdinand beigegeben.

Ebenfo würdigte Fürft Portia den Umftand, dafs die hiftorifchen Intereffen feines Haufes am beften gefördert erfcheinen, wenn die auf politifche Angelegenheiten fich beziehenden Archivalien der aus feiner Familie hervorgegangenen politifchen Perfönlichkeiten, *dort* bewahrt werden, wo deren Erhaltung am ficherften allen widrigen Zufällen entrückt ift, überdies diefelben der hiftorifchen Forfchung zugänglich gemacht find — im kaiferlichen geheimen Haus-, Hof- und *Staats-Archive* in Wien. In Folge deffen wurde an das CentralArchiv des Reiches der gröfste Theil des vom ConfeilsPräfidenten Fürften Johann Ferdinand Portia herrührenden

handschriftlichen Nachlasses, so wie derselbe unter M von
1 bis inclusive 8 im Umfange von circa 2500 Stücken verzeichnet ist, gesendet

Ebenso die Acten, welche die projectirte Botschaft des Fürsten Hannibal Alfons Portia nach Moskau (P. 2) und die bayrische Heiratsvermitlung (P. 3) betrafen, endlich die unter T. aufgeführten circa 50 Briefe von Angehörigen der Dynastie Wittelsbach.

Beilagen.

I.

1663, 9. November, o. O. Leopold I. eröffnet als „vertrautester Freund" und nicht als Kaiser dem Fürsten Portia die Bedenken, welche hinsichtlich der Abtrennung der Grafschaft Mitterburg (Pisino) als reichsunmittelbares Gebiet auftauchen. Original.

Lieber Fürst von Portia. Ich habe aufs Euren billett vom 6 difs mehrers verstanden, wafs Ihr wegen der immedietet Eurer graffschafft Mitterburg serere instanz machen thuet, vnd weilen Ihr in gedachten billet Eur noth recht offenherzig vnd vertreülich klaget, so Mir gar lieb ist; alfs verhoffe Ich auch Ihr werdet mir auch nitt verüblen, wan Ich Mich mitt Euch in difen billett auch also expectorire vnd mitt Euch nit da padrone, ma da vostro intrinsichissimo amico et confidente handlen werde, desto mehrers weilen es dife sach also erfordtredt. Ich auch waifs dafs wenig so mitt Euch vmbgehen, *Euch recht die warheitt sagen, sondern mehr schmeichlen thuen.* Nun zu sach zu kommen, ist Mir leider mehr alfs zu bekhandt, *wafs fur intrigi vnd imbrogli bey difen hoff geschehen,* wie mann alles vbel auslegen thuet, wie mann Euch *et per consequens, Mich zu* verklienern suechet, vnd glaube Ich wol selbst *nitt vill guettes von Auersperg.* Mag auch gar wol sein, dafs der vmschwung der landtschafft in Crain durch Ihme procurirdt worden, aber Ich versichere Euch, dafs nicht difes bifs dato mir die scrupulos mouirdt. Sondern gravitu ipsius rei selbsten durch dafs Ich in gedachten beschwerschriften gleichwol solch oppositiones, vnd solche rationes befunden, die Mich (die warheitt zu bekhennen) recht stuzen machen; vnd kan gar nit laugnen, dafs wann ich dife difficuldteten vor difem gwust hette, Ich es wol besser consideriert hette also jäh (?) in dife immedietet zu willigen, dann Ich alweil vermaindt es sey also wie mit Gradisca, mit welchen es doch damals bey weitten kein solche beschwernifs gehabt hatt. Ich will aber gleichwol etliche motiven vnd bedenkhen in specie berüeren vnd werdet

Ihr zwar felbft mit mehrern aufs der krainerifchen landtfchafft befchwerfchrifften verftanden haben, fo Euch jüngfthin durch den hoffcanzler aufs meinen befelh comunicirdt worden. Es feldt mir nehmblich 1⁰ bey, dafs die imedietet mitt fich bringe die feparation faft des 4. theils des herzogtumbs Krain, fo gleichwol ein fo vornehms erblandt ift. 2⁰ werden fich die contributiones dardurch gewaldtig ftokhen, dann obwol Ich dife wenige contributiones gar gern wurde fallen laffen, fo wierden doch für Euch die vbrigen mehrers müeffen onerirdt werden; vnd ift 3⁰ zu beforgen (mein fürft Ich muefs es doch fagen) *dafs weder Ihr noch Euer erben dabey werden geficherdt fein,* denn meine fuccefsores werden vielleicht fagen, Ich hette ihnen ihr erblandt nit verfchenkhen können; et fimilia 4⁰ habe Ich bey meiner erbhuldigung fub verbo regio (quod vim facramenti habet) verfprochen, dafs landt bey allen priuilegien zu laffen vnd, fo mir recht ift, *nichts davon zu alieniren.* Wafs mir aber 5⁰ am fchweriften vorkhombt düncht (?) mich gleichwol das die (?) fach zu fein, fo beede Vnfer confcientias nit wenig agraviren kundte vnd wir villeicht defsendtwegen ein *fchwere verandtwordtung vns heut oder morgen vor den ftrengen richter ftuel Gottes aufbürden möchten.* Ich zweifl zwar nit, dafs Ihr ein folches laft nitt gern tragen wurdet, vnd werden fich villeicht noch wol rationes finden, durch weliche wir vnfer gwiffn faluirn kindten. Difen Zwekh nun zu erreichen, ift mir difer modus furgefallen vnd habe auch folchen Euch himitt proponiren wollen. Ob Ihr nemblich mir 2 fubiecta vorfchlagen woldt, fo Euch beliebt, die als aufrichtige leutte vnd in landes fachen wol erfaren weren, denen Ich dafs concept des begerdten diplomatis, der landtfchaft befchwerfchrifften, auch Euer rationes, motiven vnd deductiones zuftellen vnd darüber ihr guettachten begern kundte, wie fie vermaindten Ich in dife immediet(et) willigen vnd folliche Euch verleihen kundte. Ich woldte fie auch zu einen folchen fecreto haldten, dafs, fofer fie es nitt haldteten, fie es gewifs bereuen foldten vnd dörffte der hofkanzler darumben nitt wiffen. Es kan auch difes alles in fo kurzer zeit gefchen, dafs es gar wohl vor meiner abreifs vnd in wenig tagen kan zu ende gebracht werden. Mein fürft confiderirdt difes alles wol vnd weislich vnd gedenkhet, ob nit durch difen modum Eur vnd Mein gwiffen affecurirdt wurden. Zichet alls in ir bedacht vnd erweget es bey Euch als wie Ihrs in gwiffen dermal eins in illa die tremenda Euch es zuuerandtwordten getrawet. So werdet Ihr ruibig vnd Ich in gwiffen ficher fein. Ich fag nochmaln dafs Ich alles difes als innerfter freund Euch fchreibe, vnd Ihr werdtet es gwifs heutt oder morgen

erkhennen, wie wolmeinendt Ich difes Euch zu gemüdt gefürdt habe. Vnd wollet Mir ferers hirüber Euer intention eröfnen. Ich verfichere Euch anbey genedigft, dafs Ich Euch allezeitt in allen fchüzn vnd manutenirn werde vnd habet Ihr etwo irgendts einen anftofs, recurirdt nur zu mir vnd gebt es mir an die handt. Ich will gwifs folche demonftrationes thun, dafs es gwifs manchen dwider graufsen folle. Verbleibe Euch vbrigens mitt allen kayf: hulden vnd genaden jederzeit wol gewogen.
Leopoldt m. p. S. d. 9. Nov. 1663.
Aufsen keine Adreffe.

II.

1664, 23. November, o. O. Handfchreiben Kaifers Leopold I. an den Fürften Portia über mehrere Beamten-Anftellungen. Original.

Lieber Portia. Eur billet von 20. difs habe Ich zu recht erhaldten vnd deffen contexta wol verftanden. Geraicht mir zu abfonderlichen wolgefallen, dafs Ihr fo offenherzig vnd wolmainendt dafsjenige mir an die handt gebet, fo ihr zu Mein dienfte nüzlich zu fein erachtet. Werde alfo eadem confidentia in difer andtwordt dasjenige melden vnd refoluiren, wafs in Mein gewifsen zu mein dienften vnd zu Mein wie auch Eur felbft eignen reputation zu fein Ich vermeine, thuen.

Was nun erftlich den Landshauptman in Steier [1] anlangt, werdet Ihr Euch noch wol desjenigen erindern, fo Ich Euch in hac materia feinetwegen zu Linz gefchrieben habe, befinde diefelbe ratione nochmals alfo erheblich zu fein, dafs Ich nit wol von folchen principiis abweichen kan. Vndt wirdt Euch noch zweiflsohne wol bewuft fein, wie Ihr felbft die incompatibilitet difer 2 ftellen aufsgefürdt. Ift es felbmal incompatibile gweft, fo ift es noch, nec obftat dafs mann fagen möchte, der Landshaubtmann wurde die geheimbe ftell nit exercirn, dann Ich würdt wol fehen dafs er dafs fpanifche adnexy (Tomar y pedir) nit vergeffen wurde. Oltre dafs es einer inftabilitet gleichen wurde, dafs Ich vor ein 4 jharen 2 officia vor incompatibilia gehaldten, felbe doch anizo pro compatibiliter pafiren lieffe. Wafs die künfftige beftellung des directorij in geheimben rath zu Graz anlangt, ift der cafus noch nit vorhanden vnd alfo nit davon zu reden. Es bedunkt mich doch fchwer zu fein, wann er denen die anheunt vor

---

[1] Seit 1660 Sigmund Friedrich Graf von Trauttmannsdorff. Portias Gönnerfchaft für denfelben wird aus dem Umftande klar, dafs ein Sohn des Minifters Max Trauttmannsdorff eine Tochter Portia's zur Ehe hatte.

feiner fein, alfs *Breiner* vnd *Stubenberg*,[1] vorgehen folle. Ich æftimier ihm übrigens vnd haldte ihm vor ein guetten miniftro, werdt ihne alzeitt ftüzen vnd mainteniren. Vebrigen glaubt lieber fürft. Ich laffe Mich in difer materi von keinen menfchen überreden. Aber wafs Ich vor recht haldte, dafs refoluire Ich. Habe fonften von difer materi fchon vill zeitt mit kein menfchen geredt. Hoffe Ihr vnd der Landshaubtmann felbft werdet dife meine vrfache alfo erhöblich erkennen, dafs difsmal dabei zu aquiesciren feye.

Was 2do den *Tullio Miglio* betrifft, fo will Ich Euch fchreiben wie es hergangen. Alfs der Carlo[2] fein Vater in extremis gelegen, ift der präfidendt bey mir gweft vnd Mir felbes gefagt, habe Ich alfo ihn befragt wegen beftellung des zalmeifterambt, (hat) der mir allerley perfonen benendt vnd inter alios den Tullio felbft vnd den Stadler kriegszalmaifter. Habe alsbaldt Ich darauf gefagt, mit den Stadler könne keiner concurirn, dan er der nechfte an der fuccefsion, pratico des dienft vnd habe alle guette qualitet, alfo refoluirdte Ich fchon damals eventualiter auf den Stadler. Difes habe Ich auch etlichen gemeldt, alfo ift es offen worden vnd were alfo mir gar nit reputirlich wann Ich anjezo ein andren refoluiren foldt. Zudeme dafs Ich in dem Tullio vor allen bedenkhen finde, alfo 1. die jugendt, 2. dafs er nitt practicirdt in folchen fachen, 3. ift das geldt ein haklich ding, *bleibt gern kleppen*, 4. ift er ein walifcher vnd kendt ihr nit genuegfamb *wie Ich vnd Ihr wegen fo viller Italiener promotionen laiden mueffen*. 5. Ift er Baron, fo für ein piu alta fphera alfs dife mitt fich bringt. Wafs fein credita anlangt, will Ich felbigs gwifs alfo fehen, anweifen vnd agioftiren, dafs er fich zu beklagen nit vrfache haben folle, wie Ich dann auch fonften ihm mit allen

---

[1] Erfterer war wohl Gottfried Graf Breuner, der Gründer des Franziscanerkloſters Mautern, geſt. 23. Juli 1675, kinderlos; letzterer Wolfgang XVII. Herr von Stubenberg, geb. 1629, geſt. 5. März 1676, welcher lange Zeit Innerofterreichifcher Regierungsrath gewefen iſt.

[2] *Carlo Miglio*, 1660 während der Bereifung der innerüfterreichifchen Provinzen als Hofzahlmeifter genannt. Sein Controlor war Stadler (Churelichs Lorenzo: de Viaggio dell' imperatore Leopoldo 1660. S. 159). Diefer Carlo Miglio fcheint der Sohn eines Tullio Miglio gewefen zu fein, welcher zu Grätz am 11. November 1690 die Maria Elifabeth Crollolanza ehelichte. Carlo machteeine fchöne Carriere; 1652 war er noch Ochfen-Apaldator, 1662 bereits kaiferl. Rath, kurz darnach Landftand in Steiermark, wo er das Gut Brunnberg bei Cilli befafs, auch Landftand in Nieder-Oefterreich und Kärnten. 1664 erhielt er den Freiherrnftand, ftarb in diefem Jahre am 29. September. Sein Sohn, der hier genannte Tullius Franz, hatte es nicht zu bereuen, dafs der Kaifer ihm wehrte, beim Zählen der Caffen-Vorrathe zu vertrocknen. Sein Name ift fchon aus dem Jahre 1663 bekannt, wo er den kaiferlichen Internuntius, nachmaligeu Cardinal Johann v. Goëſs in das Lager der Türken begleitete, feine Wahrnehmungen dafelbft in dem in der kaiferl. Hof-Bibliothek zu Wien verwahrten Manufcripte (*Hammer*, Gefch. d osman. Reiches VI, 92, Note b): Le particolarità dell' impero ottomano niederlegte. Miglio betrat fpäter die militärifche Laufbahn und brachte es bis zum Feldmarfchall-Lieutenant und Hofkriegsrath. Er ſtarb zu Schlofs Brunnberg, an deffen Stelle gegenwärtig das Wirthfchaftsgebaude des Schloffes Neucilli fteht, am 18. Februar 1752 im 96. Jahre feines Alters, den Mannsſtamm befchliefsend. Sein Bruder Karl Raimund war fchon 1726 auch zu Brunnberg geftorben. (*Oroſen* Biſthum und die Diocefe Lavant, III. Theil 1880, S. 369 und 375).

gnaden vnd geraimbten promotion wurde wolgenaigt fein. Habe vergeffen zu melden, wie die landtfchaftbeifizer ftelle vnd dafs zalambt fich zufammen reimen thete. Hoffe alfo auch Ihr werdet felbft erkennen, dafs Ich nit anders kan alfs dem Stadler dife ftelle zu conferiren, oder vill mehr in die fchon conferirdte ftelle inftalliren zu laffen. Was 3^0 den *Stutterer* [1] betrifft, haldte Ich ihn vor ehrlichen mann vnd haben wir feine dienft nun wol erkandt, mein auch fie feindt zimblich belohndt worden, in deme er cammer rath worden, fo fowol...(?) honefti als vtilis kein bagatell ift. Meine alfo, köndte wol damit zufrieden fein vnd dis camergraven ambt fahren laffen, defto mehr weillen die cammer in ihren guettachten wol anfürdt die rationes, warumb ein camergrave nit zu gleich camerrath fein folle. Sonften fchlegt fie zu difen ambte den *Neidhardten* vor, als ein wol erfarnen vnd in tifer fache wol practicirdten mann. Vermain wir werden zugleich auch reflexion auf den P(ater) fein bruder in Spanien nemhen, dann er izo gleichwol die handt in pafta hatt.[2] Ich will aber Euch dafs guettachten zueftellen laffen, auf dafs Ihr deffen contenta vernemen könt. Dafs Ich es Ihme fo pofitiv verfprochen oder verdröftet hette, weifs ich mich nit zu erindern, wol in terminis generalibus more folito quod non ligat vnd mufs Ich wol bekennen, dafs Ich gern bei der fteöllen guettachten bleibe, weillen Ich alfo in gwiffen ficherer bleibe. Aber den Stutterer woldte Ich recht gern gratificiern, fi caufae. In guettachten fcripte me non ad aliud moverent, wann Ihr es recht confiderirn werdt, fo werdt Ihr fehen, wafs für mein dienft nüzlicher fey'. Der P.(ater) Neidhardt in Spanien ift auch nit aufs der acht zu laffen.

4^0 den Sultzbach anlangendt Mein Ich auch wie Ihr. Mann folle ihme ein penfion von 3 oder 4 taufend rthlr. auswerfen (vnd) richtig anweifen, will dem prefidendten befelhen mit Euch de modo dariber zu reden. 5^0 wegen des von Baden patent hatt es kein bedenkhen, doch mufs mann obfervirn, dafs mit den Sufa (oder Sulzbach?) kein imbroglio gebe, dann Ich main, fi bene memini, erftlich: Wan,[3] fodann Souches, 3. Baden vnd 4. Sulzbach. Ich will aber dem Lobkowitz[4] die expedition anbefelchen.

---

[1] Möglicherweife heifst es aber Putterer und betrifft den Georg Gotthard welcher diefer Zeit Hofkammerrath in Gratz war.

[2] P. *Johann Eberhard Neidhardt*, zur Zeit Beichtvater der Königin von Spanien, geftorben zu Rom 1880 als Cardinal. In der That wurde Leopold Gotthardt Naidthardt Oberkammergraf in Eifenerz. Siehe die Note über den Cardinal bei Erörterung der diplomatifchen Correfpondenz mit Spanien, M, c, 3.

[3] Das ift der Ban von Croatien; es dürfte noch Graf Niclas Zrinyi gemeint fein, welcher kurz darnach ftarb.

[4] Beftimmt handelt es fich um einen militarifchen Poften, denn Lobkovitz war Präfident des Hof-Kriegsrathes.

Wafs dan leztlich den Adam[1] anlangt, habe Ich auch abfonderlichs bedenkhen wegen expedirung des titls. Doch fürchte Ich mann wirdt Vnfs nicht fehr loben, dafs man ein fo feinen perfonaggio ein fo ftattlichen titl gebe, his non obftantibus. Wann Ihr es alfo vermaindt, ein expeditio in nomine domini. Aber dafs lamperl[2] ligt ihm wol mehr in kopf. Vnd difs ift mein andtwordt auf Eur billet vnd Ich verficher Euch beynebft aller meiner genade. Den 23. November 1664.
(Keine Unterfchrift).
Ebenfo aufsen keine Adreffe. Die Schriftzüge des Briefes weifen aber unleugbar auf den Kaifer.

III.

Undatirt, bald nach dem vorhergehenden Schreiben vom 23. November 1664. Handfchreiben des Kaifers über eine Eigenmächtigkeit des fteierifchen Landeshauptmannes (Sigmund Friedrich) Grafen von Trauttmannsdorff. Original.

Lieber Portia. Ich habe Eur billet empfangen vnd ift freilich höchftnotwendig, dafs der landtshaubtmann in Steur fich ehifts hinein begeben. Wafs nun fein prætendirdte confolation der wirklichkait der gehaimben rath ftell darinnen, doch ohne bedienung etc. anlangt, habe Ich Euch hiemitt etliche confiderationes anftellen wollen, fo mir etwas im wege fein vnd zuvordrift fcheinen faft in contradictoria zu fein, die wirklichkeit zu haben vnd folche nit zu bedienen. Dann wirklicher gehaimber zu fein ja heift, dafs er folche bedienen könne. Werden es alfo alle vnd jede vor ein pur lauttere fpiegelfechtung haldten pro 1⁰, pro 2⁰ deicht mich vnd wurde es machen wie das fpanifche fprichwordt mit fich bringt: tomar y pedir. Etwa ein jharl ftill fchweigen, hernach wider herauskommen vnd wider ein folches follicitirn. 3. vnd zwar am meiften obftehet mir, dafs mit aldter haus maxim, wie difs pro principali fundamento fuæ depofitiones gehalten werde, alfso woldte Ich nit gern ihm alfo disguftirn in feinen aldten tagen, maximæ jam cum habeat directorium confilij intime vnd woldte Ich auch nit gern den leutten in das concept kommen, dafs wafs Ich einmal pro incompatibili hieldte, ein andersmal wiederum pro compatibl erachten. In difen punct wollet Ihr euch felbft erindern, mitt wafs vor thatfachen vnd

---

[1] Die Beftimmung diefes Adam ift ohne Einfichtnahme in die Acten der damaligen Gnadenbewilligungen fehr fchwer. Die Zinzendorf follicitirten 1662 um den Grafenftand und ein Johann Adam gehörte zur Sippe; der letzte Lofenfteiner Franz Adam könnte herein paffen; aber auch Johann Adam Pollheim, Franz Adam Dietrichftein oder Franz Adam Urfini und Blagay könnten in Betracht kommen; Adam Windifchgrätz, welcher 1682 den Grafenftand erhielt, war 1664 wohl noch zu jung, um hier concurriren zu können.
[2] Goldene Vliefs.

villen rationibus Ihr felbft mir folche incompatibilitet rapraefentirdt habet. Leztlich vnd zum 4. mus Ich bekennen, dafs Ich jezo ein fchlechtern luft als jemals zu difer fache habe, weilen er landtshaubtmann alfo *eigens gefallens ohne Mein vorwiſſen oder erlaubnus iſt heraus kommen*. Ich habe einmal nix darumb gewuft, hatt ihm ein ander folche licenz gegeben,[1] fo hatt es folchen nit zugeftanden vnd woldte Ich nit gern ein exempl machen, *das die landtsminiſtri alſo (wan es ihnen in kopf kam) herauslauffen ſollen*, fo gwifs gefchehe, wan man folches denen nach der gratia thete, mufs alfo wahrnen, dafs mir khein (?) lieb, vielleicht auch den gemein wefsen gar vnvortreglich wäre, wan landtshaubtman fich alfogleich vnd ohne eine mora herein begebe. So dann würde Ich weitter fehen, was in fachen zu thuen fey, dann Ich fag es nochmals, *dafs ohne erlaubnis heraus kommen, will mir gar nit gefallen*. Difes alfo habe Ich zu gmuet füren wollen vndt werdt hirum mein rationes vnd wol fundierdte motiva fehen, die mir furkommen. Es fey aber difen allen wie ihm wolle, fo bin Ich refoluirt vor ihn vnd allen andern den *Breiner* zum gehaimben rath (doch auch nie darinnen) zumachen. Vnd dis an 2 Urfachen, 1mo haben fie gleiche zeitt gedient, fo hatt gleichwol Breiner in difer zeitt fehr (guette) dienft mir gelaift, dafs er folche gnad wol verdient hatt. 2do hab Ich ihm Breiner ein folches durch den Abundio[2] feft verfprechen laffen. Himitt verbleibe Euch mitt Kayf. gnaden wol gewogen.

Leopoldt m. p.

Aufsen: An Fürften von Portia.

IV.

Undatirt, zwiſchen 1662 und 1664, wahrſcheinlich 1664. Handfchreiben des Kaifers Leopold I. an den Fürften Portia mit Aeufserungen über perfönliche Eigenfchaften des Minifters Johann Weikhard Fürften Auerfperg. Original.

Lieber Fürft. Aus Euren billett habe Ich mitt fondern confolation erfehen, wie offenherzig vertraudt Ihr Eur noth vnd des Auerfperg ftükhel mir klagen wollet. Vor allen verficher Ich Euch meiner beftendigen genad vnd protection vnd ift euch ohnedafs wolbekandt, dafs Ich den Auerfperg wohl könne, auch vmb all fein grifl vnd renkhe genugfambe notitia habe. Er möcht (?) ihm es fchier felbft zu trauen (?), daher Ich wol niemals einigen gedankhen gehabt habe oder noch habe, ihme

[1] Wahrfcheinlich Fürft Portia felbft, an welchen auch die Rüge gerichtet ift.
[2] Wahrfcheinlich Abundius Inzaghi, welcher aus dem Mailändifchen nach Grätz einwanderte, bereits um 1645 alda Geldwechsler war, um 1656 kaiferl. Hofmünzmeifter, um 1658 Hofkammerrath, ebenfo dann Freiherr und zulezt Graf wurde.

den prætendierdten poſto zu verleihen, dann Ich hette ein ewigs haus kreitz, a quo deus me liberet. Sondern erachte mit Euch es ſey noch wol zeitt hirauf zu gedenkhen. Difs iſt aber bey mir gwifs, dafs Auerſperg vnd noch einer difen dinſt nitt haben werden. Sonſten bin Ich bereith vnd erbiettig dafer Ihr mir nur mittel vnd weg an die handt geben werdet, ihme difse feine imbrogli einzuſtellen. Habe alſo difes billett Euch ſchreiben wollen, 1° dafs Ihr feht quod non inclinem (?) pro illo adhoc officium, 2do dafs Ihr fehet dafs Ich Euch alltzeitt in abſonderlichen ſchutz haben werde. Maintz hatt auch diefe materi erinnert wegens Auerſperg. Ich kan aber nitt alls ſchreiben, wan wir zu ſammen kommen werden, ſo will ſchon mehrers mitt Euch aus der ſach reden. Verbleibe inbey (?) alzeitt Euer allergnädigſter Herr.
Leopoldt m. p.
Aufsen: An Fürſten v. Portia.

V.

1660, 15. November, *Wien*. Der kaiſerliche General Raimund Montecucculi ſchildert dem Geheimraths-Präſidenten Grafen Portia die perſönlichen Eigenſchaften des Feldzeugmeiſters Ludwig Raduit Grafen de Souches, († 6. Auguſt 1683 als kaiſerl. Feldmarſchall), mit der Erklärung, in keiner Beziehung mit letzterem im Felde dienen zu wollen. Original, in italienifcher Sprache.

Illuſtriſſimo et eccellentiſſimo mio ſignor padrone ottimo. A voſtra eccellenza é nota la ripugnanza che ebbe l'anno a dietro il baron de Souches di ſtar á miei ordini, contr' all' iſtruzione expreſſa di ſua Maeſtà contro all'uſo praticato della disciplina militare, e contro alla ſubordinazione accoſtumata negli eserciti.

A voſtra eccellenza et a tutt' il mondo é ſimilmente noto, che da queſt' unica contradizione di non voler far quello, che ſe gli ſuggeriva, andò in fumo il conquiſto della Pomerania; riuſci vano il grand' apparato d'artiglieria e di munizioni, che ſimpiegò inutilmente contro a Stettino; e naque la rovina di quel corpo: perchè ſe il detto Souches foſse andato a Anclam, luogo di breve e facile espugnazione, la ſoldatesca e cavalleria ſi faria conſervata per la quantità dei foraggi che erano nella Pomerania. L'inimico averia ricevuto maggior danno, e dall eſpugnazione di Anclam ſequiva l' infallibile reddizione di Stettino.

Onde per non urtare nuovamente nel medeſimo ſcoglio, ho ſtimato mio debbito di ſupplicar per tempo, e antecipatamente voftra eccellenza a voler far benigna rifleſlione alla difpofizione futura, acciocche non abbiano piu a nafcer' tali inconvenienti a gran pregiudizio del' fervigio imperiale et a mia fomma inquietudine: perché le cofe della guerra fono di per fe affai ardue e importanti, per occupar tutto l' uomo e per richieder' l' intiera applicazione dello fpirito, fenza che fi abbia ad effere diftratto da cure efterne, e da difpiaceri domeftici, ricevendo oftacolo da coloro, dai quali fi dovria aspettar ajuto e follievo.

Io non fo veramente f'egli vi fara piu occafione di guerra: o effendovi, fe non fi faranno difpofitioni diverfe: o fe voftra eccellenza non vorrà, forfe applicar la mia umiliffima perfona a fervir alla Maeftá fua in altro luogo, e funzione che in nella campagna, l'effere difpenfato dalle quale in riguardo delle fatiche paffate, degli anni gia troppo crefcenti, e del continuo irremediabile rammarico di mia moglie, faria da me riconofciuto per grazia. In ogni modo, poiche il cafo potria fucceder, et il rapprefentar allora, e ful punto dell' efecuzione, le difficoltà, potria efser' interpretato finiftramente e poichè intendo, che il fudetto barone de Souches pretende anche il carico di mareffchiallo di campo devo per prevenzione dichiarar umilmente a voftra eccellenza quefto mio ftabiliffimo fentimento, che mi farà totalmente impoffibile di fervir in campagna con la minima relatione al de Souches in che fi fia e tanto meno, quant' egli farà in carica maggiore, perchè non avendo egli mai faputo accordarfi coi fuoi fuperiori, comme hanno di moftrato gli efempi del Stallhard (?) fra Suedefi, e del Crachari, Pucheim, Hatzfeld fra gli Imperiali, io non fo piu l' arte d' accomodarmi con lui, il quale interpreta a fimulazione tutti gli atti di civiltà, che fi ufano feco: e non avendo egli mai praticato o fatto alcuna campagna intiera che io mi ricordi, nè fra Suedefi, ne fra i noftri, difficilmente può egli conoscere il danno, che nafce dal replicar e tergiverfar gli ordini e dalla remora e dilazione che ne rifulta. Et a voftra eccellenza faccio umiliflima riverenza.

Di Vienna li 15. novembre 1660.
Di voftra eccellenza

divotiffimo fervitore
R. Montecuculi.

VI, a.

1663, 9. Juli, Batofeck. Bericht des kaiferl. Internuntius bei der Pforte Johannes von Goëfs († 1696 als Cardinal und Bifchof von Gurk in Kärnten) an den Fürften Portia über die

nächſten Abſichten der Türken in dem gegenwärtigen Feldzuge. Gleichzeitige Abſchrift oder auch Duplicat.
Durchleuchtiger hochgeborner Fürſt.
Gnädiger Herr. Aufs vnſerm ſchreiben an Ihr Kayſ. May. werden Euer fürſtl. gnaden erſehen, wafs vnfs der vecir [1] bey der conferenz zu Oſeck [2] proponieren laſſen, ich ſiche ihn *für hochmuetig genueg an, daſs ich glauben könne, dafs diſe ſeine concepten ſeindt,* iedoch vernimb ich von dem Panioti, [3] dafs Mehemet Baſsa von Alepo, der ſeines vatters kehaia, [4] auch ein autor geweſen dafs Wardein [5] occupirt worden, difes ſuggerirt improbantibus reis ketab Kehaia [6] vnd andere, vnd können Eur fürſtl. gnaden glauben, dafs vil vornehme Türckhen mehr zum friedt alfs zum krieg incliniern, aber der vezir iſt ſui capitis vnd ſterckht ihn ſehr in ſeiner meinung, dafs von vnſerer ſeiten ſo gar *keine armada ſich nirgent ſehen laſſ,* darzu kombt dafs vnterſchidliche der Vngarn ihn verſichern, dafs Ihr Kayſ. May. keine macht haben, *dafs in Vngarn alles mal content, dafs man verlange ſich frey zu machen vnd denen Türckhen zu huldigen, dafs man alles eingehen werdt wafs er nur begehrt.* Wir haben zwar aufs Ihr Kayſ. May. ſchreiben die vrſach vernomben, warumb man vnterlaſſen bifs dato die armada zuſamen zu führen, nemblich wegen der inſureƈtion. Ich hette bey allem den wünſchen mögen dafs es geſchehen were, vnſere traƈtaten wehren villeicht beſſer für ſich gangen, ihre mit ſich führenden macht vnd vnſere präſupponirende ſchwachheit macht, dafs ſie *von ſich alzugroſſe vnd von vnſs alzuſchlechte opinion haben* vnd vermeinen, dafs ſie überall durchbrechen vnd kein widerſtandt finden werden. Wir gehen nun auf Ofen, [7] alwo die gantze kriegsmacht vnd alle darzu gehörige präparatorien zuſambengebracht werden, die Tartarn, Moldauer, vnd Wallachen vermeint man, dafs ſie auch dahin oder doch wenigſten nach Peſt kommen werden, alda werden ſie ein haupt conſilium halten ſuper pace aut bello vnd wie

---

[1] Der grofse *Achmed* (Sohn des Mohamed) Köprili, † 30. Oƈtober 1676, erſt 41 Jahre alt. Die Charakteriſtik dieſes hervorragenden Mannes bei *Hammer*, Geſchichte der Osmanen, VI., 325—333.

[2] Zu Eſſegg Ende Juni 1663. Der Conferenz wohnten bei aufser dem im türkiſchen Lager befindlichen kaiſerl. Reſidenten Simon von Reninger und dem Berichterſtatter Goëſs, der Grofsvezier, der Reis Effendi, der Kiaja, der Aga der Janitſcharen und Sipahi. (Hammer, VI., 109). Unter dem Reis-Effendi iſt der Miniſter des Auswartigen verſtanden. Der Kiaja iſt ein hoher Funƈtionär der inneren Angelegenheiten, oder Sachwalter eines Grofswürdenträgers; einmal (VI., 254) bezeichnet *Hammer* mit dieſem Ausdrucke den Miniſter des Innern.

[3] Panajotti Nicuſi, der Dolmetſch des kaiſerl. Reſidenten Reninger, ſpäter Dolmetſch der Pforte allein, ein rechtlicher Mann, welcher dem kaiſerl. Hofe in Wien die Verſchwörung der ungariſchen Magnaten entdeckte, am 2. Oƈtober 1673 zu Conſtantinopel ſtarb. *Hammer*, VI , S. 137, 167, 268, 274 und 283.

[4] Richtiger: Kiaja, ſiehe voranſtehende Note 2.

[5] Groſswardein.

[6] Reis ul-Kuttáb und Kiaja, das ſind der Staats-Secretär des Miniſters des Aeuſsern und etwa Jener des Miniſters des Innern.

[7] Beglerbeg oder Statthalter von Ofen war damals Huſſeinpaſcha.

der krieg zu führen fein werdt, etliche wollen noch glauben, dafs wan fie nachricht haben wurden, dafs wir in guetter poftur ftehen vnd noch fernere hilf erwartten, dafs der fridt noch nicht gantz vnd gar zu defperiren wehre, quid quid fit de hoc, es ift mehr alfs zeit, dafs vnfere völckher den feindt entgegen ftehen, dan inner 6 tagen werdt er zu Ofen fein vnd werdt fich alda nicht lang aufhalten. Man vermeint, dafs der Türckh fich theilen vnd ein zimbliche macht widern grafen Zrini, die vberige wider Raab oder Comoren gehen, die reutterey vnter deffsen dafs land durchftreiffen, vnd alles verhergen vnd deuaftiren folle. Die Tartaren, welche nicht vnter dem Chan, noch feinem fohn, fondern vnter einem general anmarchiren follen[1], werden mitfambt denen Moldauer vnd Wallachen wider Ober Vngarn deftiniert, obwohln auch leicht gefchehen könte, dafs fie vber die Bruckhen zu Ofen giengen vnd fich mit der haupt armada coniungirten. Die hilff die den einlauffenden Bericht nach aufs'm Reich komben. finde ich dem nicht proportioniert, wafs die noth vnd die gefahr erfordert, fie khönnen ia leicht gedenckhen quod res ipfonem agitur, vnd wan dife vnfere Vormauer einmahl folle durchbrochen werden, dafs difer graufsamber feindt alfsdan vberfchwimmen werdt, darumb muefs bei zeithen darzue gethan vnd die erfte progrefsen verhindert werden, difes ift dafs mittel difen feindt a la raifon zu bringen, vnd zu einem reputierlichen friden zu gelangen. Ich hette vermaint die Vngarn hetten können auf mitl gedenckhen die bruckhen zu Ofseck oder auch gar zu Belgrad zu ruinieren, fo meines erachtens wohl practicabl, vnd von groffer importanz gewefen wehre. *Dife Türckhen macht fcheindt zwar grofs, aber wan ihr eine competente armada von guetten alten foldaten vnd erfahrnen officiern entgegen gefetzt wurde, wolte ich verhoffen, dafs mit derfelben noch wohl aufszukommen wehre.* Ihro Kayf. May. vnpäfsslichkeit bekhummert mich zum höchften, ich kan die ftundt nicht erwarten, dafs ich von dero convalenz nachricht bekhombe, Gott wolle diefelbe gnädig erhalten, vnd wider difes ftolzen vnd aufgeblafsnen feinds attentaten fchutzen. Datum Batofeck den 9. July 1663. Ich befehle mich zu dero fürftl. hulden vnd gnaden.

E. fürftl. gnaden

vnterthenig gehorfsamber
Joes von Goëfs.

---

[1] Sie kamen doch unter dem Sohn des Chan's, Ahmedgirai, welcher am 27. Auguft 1366 vor Neuhäufel mit 100.000 Tartaren zum osmanifchen Heere ftiefs.

VI, b.

1663, 20. u. 21. Juli, Ofen. Bericht des kaiferlichen Internuntius bei der Pforte Johannes von Goëfs an den Fürften Portia über die Beziehungen zu den Türken im Anfchluffe an den Bericht vom 9. Juli. Abfchrift.

Gnediger herr etc. Ich verhoffe es werden Euer fürftl. gnaden meine fchreiben de dato Batafek dem 9. huius bekhomen haben, zu mehrer fiherhait khomen, hierbey die duplicaten an Ihre Kay. May.; die conferenzen dahie müeffen vnfs nicht irrmachen, fondern die actes des feindts follen vnfs vmb fouil mehr antreiben, fich fowohl wider feinen betrug, alfs feine macht gefaft zu halten, dife armada ift alltzuweith khomen, dafs man zuuerhoffen, das fie ohne etwas notables vortzunehmen widerumb zurukh gehe. Wür vndterlaffen doch darumb nicht, allen fleifs bey den Tartarn anzuwenden, der feindt halt fich derentwegen nicht auf, fondern weillen die ftukh, vnd wafs er fonften zu waffer erwarth, noch nicht ankhomen.

Ich khan Euer fürftl. gdn. nicht genuegfam fagen, wafs fchädtliche relationes dahie täglich einlauffen, nicht genueg, dafs man de ftatu rerum noftrarum vnd dafs wür in höchfter confufion weder armada noch mittel dartzue haben afsecurirt, fondern dafs man berührt Ihr Kayf. May. eigne Perfchon mit verkleinerung vnd fpötlichen defcriptionen,[1] vnd foliche ding follen fonderlich von treuloffen Vngarn gefchehen. Die Türkhen berühmben fich das fye ihre kundtfchaffter in Wien darin, vnd nachricht haben, nicht allein deffen, was darin gefchiht, fondern auch was tractirt vnd confultirt wird. Ich hette wintfchen mögen, das wür eine numerofe manfchaft zufamben bringen khönnen, folle man auch viritim aufgetzogen fein, es wurde fi non ad victoriam, wenigftens ad promouendos tractatus fehr dienlich gewefen fein. Es wehre ja auch endtlich beffer, das ein ieder difem feindt begegnen, den chriftlichen glauben, feinen herrn, fein vatterlandt, vnd fich vnd die feinige vfque ad vltimum fpiritum defendiren folle, alfs das er etwo in einem winckhl aufs elendt vnd demiferia crepire. Ich weifs nicht, wie man in römifchen reich difes werkh confiderirt, vnd appraehendirt, aber werden churfürften vndt ftändt nicht zeitlich dartzuthun, vnd Ihr Kay. May. fchleinig vnd mit aller macht hefffen, die chriftliche vormauer vnd granitz vöftungen zu erhalten, fo werden fie fich felbft, das röm. reich vnd die chriftenheit in groffe gefahr des verderbens fetzen, die übrige chriftliche potentaten haben eben fowohl zeit die augen auftzumachen, dan follen wir par terra gehen, qua

[1] An diefer Stelle wurde offenbar das Wort „antast" ausgelaffen.

ratione vermainen fie hernach zu fubfiftiren? Venedig werd zweifelsohne zum friden mit den Türkhen eylen, ich wufte nicht, re bene ponderata, ob fie auch für fich nicht mehr vnrecht als recht darbey thun, ein ieder werd trachten fich zu faluiren, vnd eben dardurch werden allefambt verderben; Offen den 20. vnd 21. Juli 1663.[1] Ich befehle mich vndtcrthenig vnd remittire mich in vbrigen auf vnfer fchreiben an Ihr Kayf. May. Wan wir ietzunder villeicht etwafs einbieffen, das muefs mit gueter anftalt in herbft widerumb eingebracht werden

Johan von Goës.

VI, c.

c. 1663. Den Berichten von Goëfs liegt eine undatirte und ununterfchriebene Note, gleichfam eine Nachfchrift zu den Berichten bei, deren Inhalt übrigens auf die Ereigniffe jener Zeit fich bezieht. Sie lautet:

Ich vermerke aus defs Huffan Aga difcurfen, dafs dem Türckhen an dem Serinifchen fort[2] viel gelegen, fi res effet integra möchte man fehen, wie hierdurch Ihrer Kayf. May. intention in andern ftucken erhalten wurde. Zekelheid[3] weder, (noch) die heyducken, vermeint er, dafs man vnfs nie laffen werde. Alfs ich ihm aber vnfser recht vorftelle vndt dabey melde, dafs wir ehe fünffzig jahr darumb fechten werden, ehe wir etwas, was vns von rechtswegen zuekhombt, fahren laffen, antworttet er, es müffe nicht dahin khommen, fondern vielmehr getrachtet werden, dafs gueter fridt verbleibe. Ich werde mich nicht übereylen auf der raifs, damit wan des Renningers[4] fchreiben etwas, fo ich nothwendig zu wiffen habe, mit bringen, mir daffelbe noch zu rechter zeit zukhommen khönne. Dahie vernimb ich von dem correfpondenten, dafs die Türcken eine brucken vber die Saw bey Belligrad fchlagen wollen, dafs fie vor gehabt mit fünff vnd zwanzig taufend man das Fort Serini[5] zu attaquiren, welches bey mir zu diefer zeit nicht veri fimile, fie werden vielmehr einen ftreiff[6] vorgehabt haben, denienigen zu revangiren, den der grafl Serin hiebeuor gethan, fo hette er auch, aus des Ismael Bafsa[7] eigenem mundt gehört, dafs er

---

[1] In Ofen blieb Goëfs bis November 1663 in der Haft der Türken. Das osmanifche Heer brach am 30. Juli von Ofen auf, um Neuhäufel zu belagern.
[2] Serinwär, unweit Kanifcha.
[3] Székelyhid, nachft Grofswardein.
[4] Simon von Reninger, kaiferl. Refident an der Pforte von 1649—1666 (Hammer, VI., 173, Note, u. a. O.).
[5] Serinwár.
[6] Richtiger „ftreich".
[7] Der *Vezier von Ofen*. Diefe Perfonen-Zutheilung verbürgt der zeitgenöffifche Tullio Miglio in: Le particolarita dell' Impero Ottomano. Nach ihm war Ismael ein alter dicker Mann, geboren in der Herzegowina fungirte er 1659 als Grofs-Inquifitor in Afien, ehelichte dann eine Schwefter des Sultans, wurde nach der Vermählung Vezier in Ofen und fand in der Schlacht bei St. Gotthard am 1. Auguft 1664 den Tod. (*Hammer*

Bafsa, was zu Wien tractirt wurde, alles wiffen vndt erfahren
thette. Nun dafs ich den augenfchein einnehme, glaube ich, das
leicht gewefen were Gran vnd Offen zu vberrumplen vndt
weeg zunehmen, pudet me chriftianorum, dafs wir bey fo be-
fchaffenen dingen, der chriftenheit fo groffen abbruch von dem
Türken gefchehen laffen, fchwer verantworttung für dieienige,
die daran fchuldig. Bey der vifite bey dem Ismael Bafsa hat
man meinen ftuel weiter von den feinigen gefetzt alfs mich
gedunckt dafs nicht fein follen, ich habe ihn geruckt bis nahe
hinzue, welches den ceremonienmeiftern, die hinder meiner
ftunden, faft nicht gefallen wollen.

Archiv im Schloffe Wolfsberg im Lavant-Thal, Unter-Kärnten.

Die Herrfchaft ift gegenwärtig ein Allodial-Befitz der
Grafen Henckel von Donnersmark. Diefe Familie ftammt von
dem berühmten ungarifchen Grafengefchlechte der Thurzo von
Bethlenfalva (Bethlemsdorf) in der Zips. Glück im Bergbau
brachte ihm grofsen Reichthum, allein fchon im 17. Jahrhundert
erlofch der Hauptftamm in der Fülle von Befitz und Anfehen.
Peter Thurzo, welcher um 1378 lebte, hatte fich mit der Erb-
tochter der altadeligen Familie Henckel vermählt, nahm deshalb
für fich und feine Nachkommen diefen Namen an, nebft dem
Prädicate von Donnersmark. Letzteres bezieht fich auf feinen
Befitz, das Schlofs und den Marktflecken St. Ladislaus in der
Zips, auch Quinto foro oder Donnersmark genannt. Die Nachkommen wanderten erft zu Beginn des 17. Jahrhunderts nach
Schlefien aus, wo fie allmälig weitläufige Güter erwarben, deren
Stock die Fideicommifs-Herrfchaften Beuthen, Oderberg,
Tarnowitz u. f. w. bildeten. In den Jahren 1615 und 1636
erhielten fie den Freiherrn-, am 29. Juli 1651 den deutfchen, am
5. März 1661 den böhmifchen Grafenftand.[1]
Diefem Gefchlechte gehört der Erwerber und noch gegen-
wärtige Befitzer der Herrfchaft Wolfsberg und feiner beträchtlichen Annexe an. Im Jahre 1811 geboren, ift Graf Hugo Henckel
ein durch zahlreiche induftrielle Unternehmungen, zu welchen
in Oefterreich die Gründung von Zeltweg gehört, rühmlich
bekannter Cavalier. Ein würdiges Denkmal feines Kunftfinnes
und der Pietät für feine am 24. December 1857 verftorbene
erfte Gemahlin Laura, geb. Gräfin von Hardenberg, ift das im

VI., S. 143 und 683 die Note). *Statthalter zu Ofen* war Huffein Pafcha; ift derfelbe etwa
identifch mit dem im Eingange diefes Berichtes genannten Huffan Aga? Huffein wurde
nach dem Frieden von Vasvár Statthalter zu Haleb.
[1] Nach *Knefchke* Deutfche Grafenhäufer, I., 340—345.

Jahre 1858 erbaute Maufoleum zu Wolfsberg mit dem als hervorragendes Kunftwerk gerühmten Grabmal der Gräfin.

Der zur Herrfchaft Wolfsberg gehörige und da verwaltete gräflich Henckel'fche Befitz im Lavant-Thal umfafst die Güter Wolfsberg, St. Leonhard mit Ehrenfels, Waldenftein, Wiefenau, Reideben, Weifsenau bei St. Marein, den Gftütthof, Neudau bei Wolfsberg, Hochöfen bei St. Gertraud, St. Leonhard und Waldenftein, fowie mehrere Hammerwerke, eine 1882 erbaute grofse Cellulofe-Fabrik in Frantfchach, mit einem landwirthfchaftlichen Areale von 20.700 Joch, gröfserentheils Wald. Der Befitzer übt die Patronats-Rechte über das Curat-Beneficium St. Ulrich im Schloffe Wolfsberg, die Stadtpfarre St. Leonhard, die Pfarren St. Jacob in Reichenfels und St. Gertraud, das Beneficium St. Johann Nepomuk in Waldenftein aus.

Es bildet diefer ftattliche gut arrondirte Befitz den Kern der Güter, welchen das kaiferliche Hochftift Bamberg, wie bereits in der Einleitung gekennzeichnet, zuerft mit landesherrlicher Gewalt und Hoheit vom Jahre 1006 an in Kärnten befafs und am 5. Mai 1759 um eine Million an den öfterreichifchen Staat verkaufte. Von den bambergifchen Gütern ging Wolfsberg im Licitationswege am 28. December 1825 um 274.000 fl. an die fünf Brüder Rofthorn und Jacob Hell, dann an die Wolfsberger Eifenwerksgefellfchaft, endlich mit Vertrag von 11. Mai 1846 an den gegenwärtigen Befitzer Grafen Hugo Henckel von Donnersmark über, welcher die übernommenen Güter noch weiters arrondirte und meliorirte.

Diefe Verbefferungen führten ebenfo, noch im Jahre 1846 zu dem Entfchluffe des gegenwärtigen Eigenthümers, die alte Refidenz der bambergifchen Vicedome in Kärnten mit den mancherlei Zubauten aus verfchiedenen Bau-Perioden, wie folche im Laufe der Jahrhunderte ftückweife entftanden, umzubauen. Alfo entftand im neuen Schloffe Wolfsberg der grofsartige Herrenfitz einheitlichen fchottifchen Styles, welcher nun dem ganzen in reicher üppiger Naturfülle prangenden Lavant-Thale zu erhöhter Zierde gereicht. [1]

Die Ausführung diefes Entfchluffes wurde verhängnisvoll für den Beftand des Archives, welches die im Verlaufe von acht Jahrhunderten angefammelten Urkunden, Gerichts- und Verhandlungs-Acten der beftandenen bambergifchen Herrfchaft in Kärnten, dann der von Wolfsberg aus verwalteten ftiftifchen Güter in Oberfteier und Ober-Oefterreich umfafste und bis dahin gefammelt verwahrte

---

[1] Im Herbfte 1853 war der neue Bau vollendet, welcher fammt den Koften der Einrichtung rund 800.000 fl. confumirte. Siehe die Abhandlung: „Der Bau des Wolfsberger Schloffes" vom Architekten Anton *Birnbaum* im kärntnifchen Gewerbeblatte XV. Band, 1881, Nr. 9.

Herr Architekt Anton Birnbaum in Klagenfurt, welcher den Bau des Wolfsberger Schloſſes leitete, gab mir bereitwilligſt gründliche Auskünfte über dieſe Angelegenheit. Das Archiv befand ſich im ſüdlichen groſsen runden Thurm u. zw. im Erdgeſchoſſe desſelben, wenn man vom Schloſshofe aus den Zugang nahm. In dieſem nach auſsen hin hochgelegenen, vollkommen trockenen, feuerſicher eingewölbten, mit einer eiſernen Thür geſchloſſenen, mit eiſernen Fenſterbalken verwahrten Raume im Durchmeſſer von 32 Schuh, waren die Acten in offenen Stellagen nach der Peripherie aufgeſtellt, auſserdem ſtanden in der Mitte zwei oder drei Reihen ſolcher Stellagen, ſämmtlich mit Acten vollgefüllt. Ueber dem Archiv befand ſich ein gleich groſser Saal, welcher unmittelbar an die einſt vom Vicedome bewohnten Gemächer ſtieſs. Das Archiv war durch eine Stiege mit dem Saale oben, folglich auch mit der Wohnung des Vicedomes in Verbindung. Daraus geht hervor, daſs der Vicedom *perſönlich* den Zugang zum Archive in der Hand und alſo *perſönlich* die Wache über dasſelbe gehalten hat — ein neuer Beweis von dem Werthe, welchen unſere Vorfahren den Archiven beimaſsen.[1]

Auch der neue Herr zu Wolfsberg Graf Henckel hat das Archiv ganz richtig bewerthet, indem er nach dem Entſchluſſe zum Umbaue, den damals höchſten Archivs-Beamten des Kaiſerreiches, den Director des k. k. geheimen Haus-, Hof- und Staats-Archives in Wien, Freiherrn Clemens von Hügel auf das Schloſs lud, damit derſelbe das Archiv unterſuche; der Graf geſtattete zugleich dem Archiv-Director die Auswahl des hiſtoriſch Werthvollen. Freiherr von Hügel folgte dem Rufe und hielt ſich einige Zeit in Wolfsberg auf. Leider war der Staatsarchiv-Director in der Zeit gedrängt, und bei der Eile, mit der er die Durchforſchung des Archives beſorgte, glaubt Architekt Birnbaum beobachtet zu haben, daſs Freiherr von Hügel die Documente nur nach auſsen hin unterſuchte, hiebei aber alle ihm zur Hand gekommenen Urkunden mit Siegelbullen u. dgl. auszog.[2]

Im April oder Mai 1847 wurde dieſe Ausleſe vom Herrn Architekten Birnbaum in zwei groſse Kiſten verpackt und an das k. k. Haus-, Hof- und Staats-Archiv nach Wien geſendet. Dort ſind dieſe Archivalien in der That in der Abtheilung für

---

[1] Im Jahre 1656 am 25. Auguſt klagte der Vicedom dem Biſchofe, daſs man während der jüngſten Kriegsgefahr „ein ſicheres Ohrt, wohin das archiv, darauf dem Hochſtifft vil gelegen, zu ſalviren wär, hoch von nöthen gehabt, aber darmit nirgents ausgewuſt." Der Vicedom beantragt deshalb das Schloſs Griffen zu repariren, was auch vom Biſchofe genehmigt, dann in der That mehrere Adaptirungsbauten im Schloſſe vollzogen wurden.

[2] Daraus wird erklärlich, daſs ſich in dem in Kärnten erhalten gebliebenen Archivsreſte Urkunden mit noch daran hangenden Siegeln *gar nicht* und nur ſolche vorfinden, wo das Siegel abhanden kam oder wo es ſchon urſprünglich nur aufgedrückt war. Unter dieſen letzteren Documenten ſind die intereſſanteſten Stücke enthalten.

Innerösterreich, Signatur Bamberg und Wolfsberg, in 25 Fascikeln aufgestellt. Freiherr von Hügel wollte nochmals kommen, ein Vornehmen, welches das Bekenntnis in sich schlofs, mit der Durchsuchung des Archives noch nicht fertig zu sein, allein Herr von Hügel wurde augenkrank, trat auch bald darnach aus dem Staatsdienste, vergafs bei der Uebergabe wohl auch auf Wolfsbergs Archivalien aufmerksam zu machen, und so unterblieb der beabsichtigte zweite Besuch.

Im Frühjahre 1847 begann der Bau, das Archiv mufste überstellt werden und erhielt seinen neuen Platz am Fufse des Schlofsberges, im Thurme des Hartneidsteiner Landgerichtshauses zugewiesen. Die naheliegende Meinung der Beamten in Wolfsberg, Freiherr von Hügel habe bereits alles Werthvolle ausgewählt, veranlafste ein mehr summarisches Verfahren für diese Wanderschaft; es entstanden jene wohl malerisch, fast möchte man sagen, kaleidoskopisch gewürfelten, aber darum stofflich umsoweniger zusammengehörigen Actengruppen, deren spärliche Reste theils in Wolfsberg, theils in Klagenfurt noch erliegen. Der weitaus gröfsere Theil der Actenbestände ist jedoch allmälig abhanden gekommen.

Wurden ja doch aus den Haufen, welche Herr Professor Dr. Ferdinand *Bischoff*[1] als ein „Chaos" schilderte, jene kleinen Packete von anschmiegsamer Form gebunden, welche unverständigen und gewissensweiten Functionären niederen Ranges, zumal den Herren Amtsdienern, nicht allein in Wolfsberg, sondern auch an anderen Orten unserer Zone allezeit so wohlgefällig, so anziehend erschienen, dafs sie der Lockung nicht widerstehen konnten, mit den Actenbündeln bei Kaufleuten und Krämern „in die Lieb" zu gehen. Auf diese Weise konnte man in Wolfsberg den Käse und andere Victualien in die Briefe der Mächtigen des Landes gewickelt erhalten. Es sind Spuren vorhanden, dafs man keineswegs spiefsbürgerlich bedacht war, solches Vorrecht nur für Wolfsberg zu hüten, auch über die Alpe wanderten diese Acten-Packete, wie man aus Voitsberg, u. zw. aus der allerjüngsten Zeit nachweisen kann.[2]

Eine grofse Partie (der gröfsere Theil des noch Vorhandenen) kam nach Klagenfurt an den Geschichts- Verein des

[1] Sitzungsberichte der kaiserlichen Akademie der Wissenschaften in Wien, 1878, 89. Band S. 211 ff.
[2] Im October 1881 sendete der Lehrer M. *Dominicus* in Voitsberg ein Restchen jener Acten an den Geschichtsverein in Klagenfurt, welche ein Kaufmann in Voitsberg aus den Beständen des bambergischen Archives in Wolfsberg erworben hatte. Es waren 24 Stück, darunter befand sich ein Brief des Pflegers von Lankowitz Hans Geymann an den Vicedom Heinrich von Gutenberg in Wolfsberg vom 11. Jänner 1490, ein Brief von Richter und Rath der Stadt St. Leonhard an den Vicedom Andrä Fuchs aus dem Jahr 1524. — Die „Carinthia" 1883 Nr. 9, S. 230 verzeichnet die unter „Vorbehalt des Eigenthumsrechtes"! vollzogene Uebergabe dreier Urkunden, von welchen die erste ein Urbar des Schlosses Waldenstein aus dem Jahre 1374, ganz bestimmt dem Wolfsberger Archive entfremdet wurde. Mit den zwei andern Stücken dürfte es sich ebenso verhalten, doch lafst es sich in diesen Fällen nicht sicher nachweisen.

Landes u. zw. wahrfcheinlich um 1850 durch den Schwiegervater des damaligen Herrfchafts-Adminiftrators Thomas *Koch*, das war der ehemalige Oberamtmann Lucas *Pichs*, der am 22. December 1852 in Klagenfurt ftarb. Den nach Klagenfurt abgegebenen, kunterbunt durcheinander gewürfelten Aften-Haufen habe ich flüchtig durchgefehen, die älteften nach dem Datum, die jüngeren wenigftens nach Jahrhunderten fortirt, unter Einem ganz werthlofes fcartirt. Die approximative Zählung ergab:

vor 1500 .... circa	250	Stück
1501 bis 1600 .... „	6000	„
1601 „ 1700 .... „	13000	„
1701 „ 1759 inclufive eines unbedeutenden Theiles der Regiftratur feit dem Verkaufe an den Staat .... circa	7000	„
Gefammelte Aften der vier Pfarren Schiefling, Theiffenegg, St. Michael und St. Margarethen .... circa	1000	„
Rechnungen .... „	6000	„
zufammen..	33.250	Stück.

Scartirt dürften circa 5000 Stück worden fein, fo dafs der nach Klagenfurt abgegebene Theil nahezu 40.000 Einzelndocumente umfafste.

Nach Klagenfurt kam auch die fogenannte „Rauter'fche Sammlung", zwei handfchriftliche Bände mit Urkunden, Abfchriften, Auszügen und Notizen aus dem Wolfsberger Archive, gefammelt vom nachmaligen k. k. Appellations-Rathe Franz *Rauter* in der Zeit, wo er um das Jahr 1820 als k. k. Landrichter in Wolfsberg amtirte.

Der in Wolfsberg verbliebene Theil der Bamberger Kanzlei zeigt fich in ftattlichen Reften, durch welche die Aften in Klagenfurt nicht unwefentlich ergänzt werden. Eben darum erlaube ich mir an diefer Stelle die Bitte an den Hochfinn des Herrn Grafen Henckel, derfelbe möge im Intereffe der heimifchen Gefchichtsforfchung die Vereinigung des Reftes mit dem Hauptkörper genehmigen und dadurch die Herftellung einer Einheit in diefer Partie der einheimifchen Gefchichtsquellen ermöglichen.

Die Wolfsberger Archivalien, welche Herr Graf Henckel in allerjüngfter Zeit wieder im Schloffe unterbringen liefs, fcheiden fich in zwei Theile, einem geordneten, einem ungeordneten.

Erſterer entſtand, indem Herr Graf Henckel in den Fünfzigerjahren einen ſeiner Beamten beauftragte, aus dem verbliebenen Archivs-Reſte eine Aćtenſammlung in chronologiſcher Ordnung, theils aber auch nach Betreffen zuſammenzufügen und darüber ein Regiſter zu verfaſſen.

So bildeten ſich 34 Faſcikel, von welchen die erſten 24 in annähernd chronologiſcher Reihe 1648 Aćtenſtücke vom Jahre 1006 bis in die Mitte des 18. Jahrhunderts enthalten. Die erſten 15 Nummern beſtehen nur in Abſchriften, Nummer 16, das älteſte Original, datirt vom Sonntag nach Invocavit, d. i. vom 16. März 1348; es iſt die Vollmacht des Biſchofes Friedrich von Bamberg für den Pfarrer Berengar von St. Leonhard zu gewiſſen Unterhandlungen mit dem Biſchofe von Lavant. Der Faſcikel 1 umfaſst alle Stücke, die vor das Jahr 1500 datiren, ich zählte deren bei 160 Stück. Der Faſcikel 25 enthält Nachträge zu den erſten 24 Gebinden, im 26. und 27. erliegen gedruckte landesfürſtliche u. dgl. Patente. Der Faſcikel 28 umfaſst verſchiedene Urbarial-Aćten der bambergiſchen Herrſchaften, insbeſondere Federaun (im 15. Jahrhunderte auch „Friedauen" genannt), dann Khünburg im Gailthale. Die Faſcikel 29—32 enthalten Lehens-Aćten, und wahrſcheinlich lagen jene der neueren Zeit in dem nun fehlenden Faſcikel 33. Die Faſcikel 34 und 35 enthalten neuere Herrſchaftsaćten ohne Belang.

Die ungeordneten Aćten fanden ſich in 12 Packeten vor, welche ich nach Jahrhunderten, die älteren auch nach Jahren geordnet, auftheilte.

Dieſe ergaben aus der Zeit von:

1364 bis incluſive 1500	. . . .	73	Stück
1501 „ „ 1600	. . . .	circa 900	„
1601 „ „ 1800	. . . .	„ 2000	„

ſo daſs der jetzt noch in Wolfsberg vorhandene Beſtand alter Aćten beiläufig 5000 bis 6000 Stück umfaſst, der Quantität nach beiläufig ein Sechstheil des in Klagenfurt erhalten gebliebenen Theiles.

Der Raum, welchen dieſe Beſtände jetzt einnehmen, verglichen mit demjenigen, welcher der alten Bamberger Kanzlei im Schloſſe Wolfsberg zu Gebote ſtand und nach der Schilderung des Herrn Architekten Birnbaum mit Urkunden und Aćten vollgepfropft war, läſst erſt ahnen, wie viel aus dieſem Archive verſchleppt wurde und dann zu Grunde ging. Die noch vorhandenen nahezu 40.000 Aćtenſtücke dürften etwa das Zehntel von dem ausmachen, was bis 1847 an Archivalien in Wolfsberg erhalten war.

Eine nähere Durchficht diefer Archivs-Refte läfst uns von Bogen zu Bogen die enormen Verlufte ahnen, welche theils durch Sorglofigkeit, theils durch, fagen wir recht milde, Pflichtverletzung untergeordneter Organe, an diefem Orte und zwar erft in jüngerer Zeit der einheimifchen Gefchichtsforfchung zugefügt wurden. Hier die Einleitung eines, dort ein Mittelftück oder das Ende irgend eines anderen Proceffes; hier ein Auftrag an Untergebene, dem der zugehörige Bericht fehlt, dort der entgegengefetzte Fall; Bitten, Befchwerden ohne Erledigung u. f. f. — Endlich entnehmen wir aus zahlreichenBerufungen im Handbuche der Gefchichte des Herzogthumes Kärnten, zumal in dem vom Profeffor Dr. Karlmann *Tangl* bearbeiteten Theile, was einft an Archivalien in Wolfsberg vorhanden gewefen.

Die grofse Zahl der bamberg'fchen Befitzungen in Kärnten einerfeits, die progreffiv fich fteigernde Thätigkeit der Kanzleien anderfeits, erklären wiefo fich Archiv und Regiftratur ftets ausdehnten.[1]

Das Hochftift Bamberg, welches vom kaiferlichen Stifter Heinrich II. dem Heiligen im Jahre 1006 mit dem Hauptkörper in Kärnten begabt worden war, befafs in diefem Lande und zwar *im Lavantthal:* Burg und Stadt Wolfsberg mit dem 6 ◻Meilen umfaffenden Hartneidfteiner Landgerichte, Stadt St. Leonhard mit dem Schloffe Ehrenfels (diefes gekauft 27. Juni 1635), Schlofs und Markt Reichenfels; die Schlöffer Waldenftein (von 1640—80), Wiefenau und den Schleinzhof (gekauft 10. Juni 1581), Reideben, Hartneidftein (feit 1425 im Taufche mit Mauthenberg an der Drau in Unterfteier).

Wölfnitzthal: Burg und Markt Griffen[2] fammt den am 2. Mai 1642 hiezu gekauften, ehedem Falbenhaupt'fchen Gütern

[1] Einen Beweis des bedeutenden Umfanges diefer Güter geben die Steuerbeträge und Kriegs-Contributionen, welche das Stift, nach der Einbufse feiner Immedietät, an die Landfchaft abführte, zugleich weifen diefe Ziffern auch die ftetige Vermehrung der Steuerlaft nach. Es zahlte das Stift an die kärntnerifche Landfchaft:

1569 und noch 1577		jährlich	5667 fl.	4 ß 24	ß
im Jahre 1583		„	6202 „	6 „ 10	„
„ „ 1595		„	6215 „	6 „ 2	„
vom „ 1618 bis 1623		„	10.845 „	3 „ 27	„
„ „ 1624 „ 1627		„	12.964 „	5 „ 12	„
„ „ 1629 „ 1631		„	13.875 „	7 „ 23	„
im „ 1633		„	18.822 „	6 „ 12	„
„ „ 1634		„	37.564 „	2 „ 18	„
„ „ 1635		„	28.702 „	6 „ 16	„
„ „ 1637		„	27.970 „	6 „ 10	„
„ „ 1639		„	33.666 „	5 „ 6½	„
„ „ 1640		„	40.346 „	1 „ 23½	„
„ „ 1642		„	34.529 „	— „ 11½	„
„ „ 1646		„	36.061 „	7 „ 16½	„

Im Jahre 1750 veranfchlagte das Stift feine Jahreseinkünfte auf 306.000 fl. und erbot fich zu einem jährlichen Contributions-Paufchquantum von 30.000 fl. Nach einer ftatiftifchen Tabelle ddo. 26 September 1759 übte das Hochftift über 42.707 Seelen die Gerichtsbarkeit aus.

[2] Durch Verrath des Burggrafen Friedrich von Weifseneck bemächtigte fich diefer ftarken Vefte im Frühjahre 1292 Graf Ulrich von Heunburg, gab jedoch am 3. Mai 1293 Griffen dem Bifchofe zurück, als er in feinem Kriege wider Mainhard von Kärnten Frieden fuchte.

dafelbft; Schlofs und Landgericht Weiffenegg bei Griffen (feit 1425).

Glanthal: Stadt und Schlofs Feldkirchen, Burg Dietrichftein (diefe bis 1434).

Drau- und Gailthal: Burg, Landgericht und die mit vielen Handels-Privilegien begabte Stadt Villach fammt der grofsen Herrfchaft und Mauth Federaun[1] (diefe feit 1160) Gumern im Dornach, die Schlöffer Finkenftein (nur kurze Zeit), Strafsfried, Khuenburg, Gut Maglern (diefes gekauft 30. März 1615).

Canalthal und Umgebung: Die Märkte Tarvis und Malborghet, die Orte Canal, Raibl und Deutfch-Pontafel; hier bildeten die Befitzungen des Hochftiftes die Gränze gegen Venedig.

Das Hochftift befafs ferner an *Montan - Objeƈten* den gröfsten Theil des Bleibergwerkes in Bleiberg[2] und in Raibl; den Goldbergbau und die Goldwäfcherei im Kliening und am Lading; die Eifenberg- und Hammerwerke zu Frantfchach, an der Wölchau und im Prefinggraben, Streckhämmer und Schmieden zu St. Stephan unter Payrhofen, Polheim, am Priel, an der Schweintratte zu Wolfsberg; das Rad- und Hammerwerk zu St. Stephan unter Payrhofen; die zu den Bergwerken gehörigen Schmelzöfen und Hämmer zu St. Gertraud, St. Leonhard, Kliening und Waldenftein.

Das Hochftift erhielt fchon im Jahre 1243 von Kaifer Friedrich II. das Recht, von allen diefen Bergwerken den Berg- und Frohnzehend einzuheben; ein Jahr früher hatte der Kaifer dem Bifchofe das Recht ertheilt, nach dem Friefacher Gewichte in Villach und Griffen Münzen zu fchlagen, welches Privilegium fpätere Kaifer erneuerten.

Endlich übte das Hochftift die Schirmvogtei über das vom Bifchofe Otto I., Grafen von Andechs, genannt der Heilige, 1107 errichtete Benediƈtinerftift Arnoldftein; über das vom Bifchofe Ekbert, Markgrafen von Andechs ein Jahr vor feinem Tode 1236 gegründete Prämonftratenferftift Griffen; ebenfo über das vom Bifchofe Heinrich von Schmiedefeld um 1250 gegründete Minoritenklofter St. Margarethen in Villach, welche Klöfter fämmtlich im Jahre 1783 aufgehoben wurden.

In Steiermark befafs Bamberg im Drauthale Güter um Mahrenberg, Schlofs Mauthenberg (Hohenmauthen bis 1425), in Oberfteier die durch ein Gefchenk Kaifers Heinrich im Jahre 1048 überkommene Stadt Rottenmann, welche das Stift im 16. Jahr-

---

[1] Zur Herrfchaft Federaun gehören noch jetzt die Patronate der Pfarren St. Peter und Paul in Tarvis, St. Nicolaus in der Goggau, St. Philipp und Jacob in Uggowiz, St. Aegyd in Saifnitz, St. Gertraud in Leopoldskirchen, St. Maria in Malborghet, St. Johann Bapt. in Pontafel, der Curatien St. Anna in Inner-Raibl und heil. Dreifaltigkeit in Wolfsbach.
[2] Die Berggerichts-Protokolle für Bleiberg erliegen bei der k. k. Berghauptmannfchaft in Klagenfurt.

hundert verkaufte, *in Ober-Oefterreich* namhafte, zur Zeit der Gründung des Hochftiftes überkommene Güter zu Gleink, wofelbft die Bamberger Bifchöfe ein Klofter ftifteten, Salchenberg,[1] Haag, Kirchdorf und Spital am Pyrn; an letzterem Orte gründete Otto II., Graf von Andechs, um 1160 das Hospiz für Reifende über den Pyrn, aus welchem fpäter (1418) ein erft in diefem Jahrhunderte aufgelaffenes Collegiatftift für Chorherren hervorging.[2]

Die oberöfterreichifchen entlegenen Befitzungen wurden erft Ende des 17. Jahrhundertes verkauft, bishin aber von Wolfsberg aus verwaltet.

Nach der Organifation vom 18. Juli 1734 beftanden im Lavantthale allein, folgende dem Rentamte Wolfsberg zur Rechnungslegung verpflichtete Aemter: Vicedom'fches Wirthfchaftsamt, Ober-Berggericht St. Leonhard, Banngericht, Landgericht Hartneidftein, Fiscalat-Amt, Hofkelleramt, Hofkaftenamt, Hofbauamt, Forftamt St. Margarethen, Pflegamt St. Leonhard, Pflegamt Reichenfels, Steuerämter der Städte Wolfsberg und St. Leonhard, Pfarre und milde Stiftungen in Wolfsberg, Pfarre und Spital in St. Leonhard. Hiezu kamen dann noch die Amtleute in Villach, welchen die Beamten und Forftleute des Waldamtes und der Gemeinden im Canal-Thale, der Bergrichter in Bleiberg, die Pfleger in Strafsburg und Khünburg etc. unterftanden; der Amtmann in Feldkirchen; der Hofkaftner in Griffen; der Pfleger in Weifsenegg.

Zur Zeit des Befitz-Ueberganges an den Staat bezogen alle die in diefen Aemtern befchäftigten neunzig Beamte und Diener zufammen an Befoldung 11.267 fl. 54 kr., mit Hinzufchlag des Werthes der gebührenden Naturalien aber 27.134 fl. 21 $^2/_3$ kr.

Bei diefer Organifation ift begreiflich, wenn eine Rechnung über Schreib-Materiale im Jahre 1688 14 Ries Schreibpapier, darunter 2 Ries feines Poftpapier ausweifet;[3] man begreift zugleich, dafs bei Perfonal-Veränderungen im Amte des Rentmeifters feine Rechnung zu einem „Werke" wurde, welches man Jahre lang nicht fertig brachte; dafs mancher Gulden dort und da kleben blieb, und dafs einer der Herren, den man erwifchte, als Wolfsberg bereits dem Camerale gehörte, und der felbftverftändlich nur ein kleiner Sünder war, fich mit dem Ausrufe zu purgiren vermeinte: „Die Herrn Bamberger waren felbften nichts nutz" (13. December 1780).

---

[1] Die Herrfchaft erwarb im 16. Jahrhunderte Dr. Hanns Kölnpekh pfandweife
[2] Franz Xaver *Pritz*: Gefchichte des einftigen Collegiat-Stiftes weltlicher Chorherren zu Spital am Pyrn im Landeob der Enns, im Archiv für Ober-Oefterreich, X., S. 243—328. Ueber das Archiv dafelbft fiehe Mittheilungen der k. k. Central-Commiffion. N. F. VII. Band (1881), Seite LXVIII.
[3] Im Jahre 1749 wurden für dreifsig Pfund Streufand 2 fl. 30 kr. Jedenfalls nur verrechnet! denn gebraucht wurde diefe Maffe ficher nicht.

Die Bamberger Archivalien, foweit fie in Wolfsberg und Klagenfurt erhalten geblieben find, fcheiden fich ihrem *Stoffe* nach folgend:

1. Verhandlungen über die ftaatsrechtliche Stellung der kärntnifchen Güter des Hochftiftes gegenüber dem Haufe Oefterreich, zuletzt durch den „Receffus perpetuus" ddo. Wien 20. December 1694 [1] endgiltig feftgefetzt.

Acte, welche die einft reichsunmittelbare Eigenfchaft diefer Güter beweifen, als: Bündniffe mit Fürften des Haufes Oefterreich in den Jahren 1362, 1468 u. dgl.

Aus dem 16. Jahrhunderte Verhandlungen der von den Erzherzogen von Oefterreich geforderten Erbhuldigungen, welche endlich nur mit Proteft geleiftet wurden, fo 1565, 1608 (Wolfsberg). Erbhuldigungs-Acte, welche die Bifchöfe von Bamberg von ihren Unterthanen abnahmen.

2. Landesfürftliche und landfchaftliche, theils gefchriebene, theils gedruckte Patente, zahlreiche Landtags-Vorlagen und Verhandlungen darüber in Abfchriften; unter diefen befindet fich z. B. auch die Mittheilung des Erzherzogs Karl über feinen Brautftand mit Maria v. Bayern, 10. April 1571, fammt der Antwort der Stände.

---

[1] Ueber die allmalige Schmälerung der Hoheitsrechte der Bifchöfe von Bamberg fiehe *Hermann's* Handbuch der Gefchichte des Herzogthums Kärnten, II. Band, 2. Heft, S. 14—23.

Einen intereffanten Beitrag liefert ein Syndicats-Procefs der Erben des Gratzer Geldwechslers Peter Paul von Oleviciani wider das Vicedom-Amt in Wolfsberg um das Jahr 1715. Im Verlaufe desfelben habe fich der Vicedom zu Wolfsberg angemafst, der inner öfterreichifchen Regierung in Grätz „fogar die gebührende Titulatur abzubrechen." Die Regierung hat darauf dem Vicedom befohlen, fich am 8. November (1715 ?) „gewiffer unexpirimter Vhrfachen halber *in perfona nacher Gräts ftellen und durch den Thüerhüetter in gewöhnlicher Raths-Seffion anmelden" zu laffen.* Das vertrugen die feinen Nerven des Vicedom nicht und als des Churfürften zu Mainz und Bifchofes zu Bamberg Stell vertreter in Kärnten, ging Freiherr Philipp Ernft Grofs von und zu Trockau nicht nach Grätz, fondern nach Wien zu kaiferlicher Majeftät. Beim Throne gab er eine Rechtfertigungsfchrift ab, welche in dem leider undatirten Entwurfe vorliegt. Ueber die Citation nach Grätz äufsert fich der Vicedom fehr bezeichnend, wie folgt: „Alfs habe ich auch dem an mich in fo ungewöhnlichen terminis sine ulla expressione causae aufgefortigten citatorio umb fo weniger nachkommen können, als folches vors erfte der aufhabenden repraesentantfchafft ihrer churfürftlichen Gnaden zu Mainz und Bifchoffen zu Bamberg *all zu fchmählich* fallet, vors anderte auch ich alfs beyrder respective kaiferlicher und hochen dombftüfftern Bamberg und Würtzburg Canonicus capitularis quo ad perfonam ohne dem exempt, und drittens vermög deren Kärnthifchen Landsfreyheiten, woryber Euer römifche Kayf. und königl. Katholifche Mayeftät etc. felbft der a. h. protector fein, *auffer Landts vor Gericht zu erfcheinen nicht fchuldig*, noch weniger aber viertens gehalten bin, mich und das kaiferl. Hochftüft in einer fach, in welcher ich noch niemahls gehöret worden und dahero den allerunterthänigften recurs an Euer . . Mayeftät als fontem justitiae noch offen habe, mich auch mit beftem fueg zu rechtfertigen getraue, praecipitiren und *fo empfindlich proftituiren* zu laffen. Damit ich aber zugleich meine vor Euer . . Mayeftät als in vim des zwifchen dero durchleuchtigften Erzhaufs Oefterreich und den kayferl. Hochftüft Bamberg getroffenen ewigen Vergleichs . . . . tragende allerunterthänigfte submission der ganzen Welt an Tag lege, habe ich dem mir undergegebenen hochfürftl. Hoffrath und Canzley direktorn Johann Adam Fickh, dafs er fich in termino citationis vor der hochlöblichen Regierung in nahmen meines Vicedom-Ambts ftell'en, und ihre Befelch vernehmen foll, aufgetragen; *ich aber erfcheine perfohnlich vor dem Thron dero allerhöchften Mayeftät, allwo allein und fonften nirgends ich* in diefer ab executione mit mir angefangenen fach *die billicke juftiz finden kann* . . . . „der Vicedom bittet fchliefslich ihn „wider alle widerrechtliche zuedringlichkeiten" zu fchützen. Ueber den Ausgang diefes Zwifchenfalles liegt nichts in den Acten.

3. Vorträge des Vicedoms an den regierenden Bifchof, Erledigungen und Erläffe des letzteren.

4. Correfpondenz des Hauptmannes und des Vicedomes mit hohen Perfönlichkeiten, den Beamten der kaiferlichen Regierung, benachbarten Cavalieren u. f. w., Zeitungen über Ereigniffe, welche das Herrfchafts- und die Nachbargebiete und Länder betrafen. Verhandlungen über Herrfchafts-Hoheiten und Jurisdiétions-Streitigkeiten, darunter ein Tagebuch des Vicedomes Georg von Wichfenftein vom 13. Oétober 1569 bis 18. Februar 1571 (in Wolfsberg).

5. Gränzftreitigkeiten mit den Venezianern. Venezianer krieg 1615—16.

6. Kriegerifche Einfälle in bambergifches Gebiet. Von folchen find gefchichtlich bekannt: Um 1227 der Krieg mit Herzog Bernhard von Kärnten um Wernberg, 1262 Fehde mit den Brüdern von Trauenftein um Rottenmann, um 1278 Fehde mit den Finkenfteinern, 1325 mit dem Weifseneck und Ungnad, um 1304 mit Rudolph von Ras, um 1446 Streit mit Herzog Albrecht und Salzburg, 1424—1425 Krieg mit Graf Hermann von Cilli, von 1477 an Türkeneinfälle, 1480—1493 Invafion Kärntens durch die Ungarn. Um 1487 Fehde mit Ulrich von Weifpriach. — Auch nach Kaifers Max I. ewigem Landfrieden hat der Bifchof von Bamberg im September 1513 Berennung, Plünderung und Brennung feiner Schlöffer und Orte in Kärnten zu befürchten, wie ein Befehl an den Pfleger zu Griffen, Sigmund von Königsfeld, beweift.

Vom 16. Jahrhunderte an find vorhanden die Aufforderungen zum perfönlichen Zuzuge der anrepartirten Contingente für die Abwehr wider Türken und andere Feinde.

7. Aéten über Kriegsbeiträge, insbefondere zur Zeit der Türkeneinfälle, Kriegs-Ausrüftung, Durchmärfche, Bequartierung und Verköftigung „der Völker"; Befchwerden über Ausfchreitungen der Soldatesca feitens der Unterthanen, bezügliche Petitionen des Vicedomes an die Regierung; Vorfpann.

8. Der Bamberg'fche Lehenshof. Lehens-Vafallen[1] waren unter Anderen die Klöfter Arnoldftein und Griffen, die adeligen Familien: Bayerhofer, Pain von Liechtengraben, Kainach, Khevenhüller, Kochler zum Jochenftein, Kollnitzer, Königsberg, Coronini, Khronegg zu Himmelau, Kulmer, Khünburg, Dietrichftein, Eibiswald, Erberg zum Spielberg, Fifcher von Mafsweg,

---

[1] Nach dem Friedensfchluffe vom 17. November 1227 gehörte kurze Zeit auch Herzog Bernhard von Kärnten hinfichtlich des Schloffes Wernberg zu den Lehens-Vafallen der Kirche von Bamberg. — 13. November 1287 nahm Herzog Mainhard von Kärnten von der Bamberger Kirche die Vefte Lewenburch zu Lehen, nachdem diefelbe Friedrich Burggraf zu Nürnberg heimgefagt hatte *(Tangl,* Handbuch IV, 484 und 680).

Fromiller, Gera, Greifsenegg, Grottenegg, Hayd von Haydenburg und Bayerhofen, Herberftein, die Grafen von Heunburg, Hoffmann von Grünbüchl und Strechau, Jöbftlsberg, Leininger, Manndorf, Mosheim zu Preblau, Neumann von Wafferleonburg, Neuhaus, Reisperg, Rofenberg, Ruesdorf, Sauer von Koffiach, Schmelzer von Schmelzhofen, Seenufs, Sigersdorf, Stadion, Staudach, Straffer von Neidegg, Ungnad von Weifsenwolf zu Waldenftein, Urfenbeckh, Waydegg, Weifs von Schmelzhofen, die Herren von Weifsenegg, die Grafen Widmann von Ortenburg, Wildenftein, Wolfsberg, Zenegg und viele Andere mehr.

9. Der bambergifche Appellations-Hof zweiter und dritter Inftanz in Civil- und Straffällen.

10. Urkunden und Aften über Erwerbungen und Verkauf von Gütern feitens des Hochftiftes — darunter auch jene über die Güter in Oberöfterreich und Steiermark. — Proceffe in Befitzftreitigkeiten mit benachbarten Güterbefitzern, insbefondere dem Bisthume Lavant in St. Andrä wegen Twimberg, den Herren Ungnad von Weifsenwolf wegen Waldenftein.

11. Urkunden und Aften über geiftliche und wohlthätige Stiftungen, die Patronats- und Vogteikirchen.

Hieher gehören in Unter-Kärnten:

Die Klöfter in Griffen und Wolfsberg, die Burgcaplanei und das Beneficium im Schloffe, das Spital in Wolfsberg, die Pfarren St. Marcus in, und St. Johann bei Wolfsberg, St. Michael und St. Margarethen nächft Wolfsberg, St. Leonhard, St. Peter bei Reichenfels, Breitenegg, Teiffenegg, das Beneficium in Waldenftein; in Oberkärnten: die Klöfter Arnoldftein und Villach, das Beneficium Spital und die Bruderfchaft zu Villach, die Pfarren: Villach, St. Martin bei Villach, St. Michael im Gailhal, Ugowitz, Tarvis, Saifnitz, Malborghet und Stadt Feldkirchen.

Ein beachtenswerthes Capitel bilden die leider lückenhaften Aften über die Wahlen der Aebte in Arnoldftein und Pröbfte in Griffen.

12. Urkunden und Aften über Veränderungen in den Befitzungen der Vafallen und Unterthanen, Kauf- und Taufchverträge, Heirathsbriefe, Teftamente, Inventare derfelben.

13. Politifche Aften. Religion, Reformation und Gegen-Reformation, Toleranzwefen, Schulen, Armenverforgung.

14. Politifche und Gerichtsacten der bambergifchen Städte und Märkte, befonders werthvoll über die im Mittelalter fo wichtige Handelsftadt Villach, welche häufig Gefandte nach Wolfsberg abfertigte, wie die vorliegenden Vollmachten über die Gegenftände der Beredung mit dem Vicedome ausweifen.

15. Das Landgericht der Herrfchaft Wolfsberg und Hartneidftein mit einem Bezirke von 6 ☐Meilen. Civilproceffe und Strafverhandlungen.[1]

16. Aften über die Bergwerke, insbefondere über Bleiberg und Kliening, dann über die Hammerwerke. Rudera der Aften des bambergifchen Berggerichtes St. Leonhard im Lavant-Thal, Streitigkeiten und Aufläufe der Knappen.

17. Mäute, insbefondere jene zu Tarvis.

18. Schlofsbauten.

19. Meierhöfe, Bewirthfchaftung oder Verpachtung der Gründe.

20. Weingärten, Ertragsauswcife des damaligen Weinbaues im Lavant-Thale.

21. Wafferbauten, Mühlen.

22. Strafsen, Wege.

23. Waldungen, insbefondere im Canalthale, Abftockungen, Alpen, Weiderechte.

24. Jagd, Wildfrevel.

25. Fifchereien in der Lavant, im Tiebel, in der Gail, im Raiblerfee etc.

26. Urbarien, in Wolfsberg ein folches aus Weifsenegg von 1431, Griffen 1438; — ein Waldenftein'fches von circa 1560, eines der Kaftengüter zu St. Leonhard circa 1500, eines der Herrfchaft Sonnegg (Ungnad'fcher Befitz) 1553; eines von Villach 1570 und 1573; dann noch etliche jüngere der verfchiedenen bamberg'- fchen Herrfchaften.[2]

27. Aften über Steuern und Abgaben, Stiftregifter, Steuerrückftände und dgl.

28. Perfonalien der Beamten: Ernennungen, Enthebungen, Lob und Tadel, Befchwerden über Beamte, Verlafsabhandlungen nach ihnen.

29. Rechnungen und Rechnungsbücher der verfchiedenen Aemter, des Vicedom-Amtes, des Rentmeifters, der Amtmänner in Villach, im Canalthale, in Feldkirchen, der Pfleger zu Weifsenegg, Waldenftein und Reichenfels, des Landrichters zu Hartneidftein, der Caftner zu Wolfsberg, St. Leonhard und Griffen, des Kellermeifters u. f. w.

30. Verfchiedene Amtsprotokolle.

[1] Hart lebte fichs nicht unter dem Hirtenftabe von Bamberg, wo der Scharfrichter in Gefahr war, zu verhungern; Beweis das Gefuch des Scharfrichters zu Wolfsberg, Franz Mandl, ddo. 26. November 1731, welcher fich beklagt, dafs er fchon lange Zeit im Malefizrechte nichts verdiene, mit den Seinigen in „Euferfte Noth und Mangel der Lebensmitlen gerathe." Er bittet „fufsfallend" um ein Gefchenk an Getreide. Bekommt folches fogleich angewiefen. — Die regelmäfsigen Bezüge des Freimannes beftanden in 25 fl. Gehalt, 3 fl. Leihkauf und in den Jahren, wo keine Hinrichtung vorfiel, in 25 fl. Wartgeld.

[2] Vgl. Prof. Dr. Ferdinand Bifchof: Dritter Bericht über Weisthümerforfchungen in Sitzungsberichten der kaif. Akademie der Wiffenfchaften, 1878, 89. Band, S. 212—213.

Ich fchliefse den Bericht mit dem aus Urkunden gefchöpften Verzeichniffe [1] der bambergifchen Anwälte in Kärnten, fowohl der Hauptleute welche die bambergifchen Truppen befehligten, mit veränderlichen Wohnfitzen, im Frieden zu Wolfsberg, Griffen oder Villach, als auch der Vicedome, welche die Verwaltung der Befitzungen führten und zu Wolfsberg refidirten. War ein Hauptmann beftellt, fo ging er dem Vicedome im Range voraus.

Bambergifche Anwälte in Kärnten.

a) Hauptleute.

1305, 16. Mai bis zu feinem Tode 1318, Friedrich Herr von Stubenberg, Bruder des damaligen Bifchofes von Bamberg Wülfing Herr v. Stubenberg, † 1319.
1369, 9. Juni, Eberhard von Kollnitz (*Hermann*, Gefch. I. 73. Note).
1392 noch 1396, Otto von Ernfels.
1417 bis um 1422, wo er ftarb, Hans von Ernfels.
1424 noch 1437, Conrad von Kreyg, auch Hofmeifter Herzogs Friedrich (nachmaligen Kaifers), Landeshauptmann in Kärnten.
1446 und noch 1452, Veit von Rotenhann, Ritter.
1459 bis zu feinem Tode 1484, Balthafar Weifspriach von Kobelsdorf, begraben in der Stadtpfarr-Kirche zu Villach, deren Priefterchor er baute (f. *Hermann* I. 575).
1495 bis zu feinem Tode September 1506, Heinrich von Gutenberg, begraben in Wolfsberg.

b) Vicedome.

1301 Magifter Johann von Rineck, Chorherr der bambergifchen Kirche (*Tangl*).
1348 noch 1363, Berengar, Pfarrer zu St. Leonhard, Bevollmächtigter des Bifchofes von Bamberg, wahrfcheinlich zugleich Vicedom (?)
1393 und noch in den Pfingftfeiertagen 1420 (am 13. April 1421 ift er als verftorben genannt) Walter von Gufsbach.
1420 bis zu feinem Tode, circa 1442, Hans Schweinfurter, vertheidigte 1425 Wolfsberg gegen den Grafen von Cilli.
1443 13. März, 1444, Veit von Rotenhann, Ritter, war fpäter Hauptmann.

[1] Von der in den Sammlungen des karntnifchen Gefchichtsvereines aufbewahrten Lifte des Genealogen von Benedikt habe ich mich emancipirt und habe nur den Urkunden und Aćten Glauben beigemeffen.

1446, 29. Juni, Johann Schannck.
1451, 16. November, 1452, Johann Stubner (Stiebar), auch 1457, wie es scheint, nur Stellvertreter.
1455 Claus von Giech.
1458, 14. Auguft bis October 1459, Lorenz Krefs.
1459 October, noch 1463 12. Mai, Claus von Giech (feine Gattin Barbara).
1464—1466, Conrad Sonfroo (Sunfroe).
1468, 24. April bis 1474, 24. April, Berthold Mager von Fuchsftadt, fpäter Landesvicedom in Kärnten, fpielte zu jener Zeit eine bedeutende Rolle.
1474, 27. April bis 1478, 24. April, Georg von Schaumberg, war dann 1483 Pfleger zu Bleiburg und Gutenftein und dürfte mit dem 1514 † Domherrn in Bamberg identifch fein.
1478, 24. April bis 1486, 13. October, Peter von Schweinshaupt, der Letzte feiner Familie, † November 1498, begraben in Maria Saal.
1487, 21. Mai bis 1495, Heinrich von Gutenberg, war dann Hauptmann, † 1506 in Wolfsberg.
1495 bis 1505, Chriftoph Grofs von Trockau, war verehelicht.
1505 bis Herbft 1522, Bernhard von Schaumberg.
1522 Martini bis 1528, Andreas Fuchs von Dornheim, der erfte Domherr unter den Vicedomen, † Bamberg, 5. October 1543.
1528 bis zu feinem Tode 9. October 1533, Georg von Streitperg, Ritter und Doctor.
1534 Vicedom-Amtsverwefer.
1535 bis 1536, † auf der Rückreife nach Bamberg 1537, Wilwold von Redtwitz, Domherr, er fchlofs den Recefs vom Jahre 1535 mit dem Haufe Oefterreich.
1536 bis 1539, Andreas Fuchs von Dornheim, Domherr, fiehe oben 1522—1528.
1539 bis zu feinem im Alter von erft 31 Jahren eingetretenen Tode 4. September 1540, Valentin von Bibra zu Mühlfeld, weltlich.
1540 bis um Georgi 1548, Conrad von Giech zu Lisperg, weltlich.
1549 bis zu feinem Tode 25. September 1563, Georg Ulrich von Kindsperg zu Weilnberg, Domherr.
Frühjahr 1564 bis October 1569, Simon von Berg genannt Schrimph, Domherr, geftorben als Domdechant in Bamberg Februar 1580.
1569, 2. October bis Juni 1580, Georg von Wichfenftein zu Kirchfchönbach.
1581 bis Herbft 1584, Hans Friedrich Hoffmann Freiherr von Grünbüchel und Strechau, weltlich.

Herbſt 1584 bis 1589, Johann von Redtwitz, Domherr, † 1591 in Bamberg.

Herbſt 1589 bis 1591, Wolf Heinrich von Redtwitz, Domherr, er ſtarb als Propſt zu St. Gangolf in Bamberg am 31. December 1616.

1591 bis zu ſeinem Tode circa Juli 1612, Johann Georg von Stadion, Domherr.

Auguſt 1612 bis zu ſeinem Tode einige Tage vor dem 3. Mai 1627, Johann Caspar von Lamersheim, Domherr.

1627 bis 1631, Franz Freiherr von Hatzfeld, Domherr, wurde 1631 Biſchof von Würzburg, 1633 Biſchof von Bamberg, † 30. Juli 1642.

Februar 1632 bis Juli 1642, Rudolf von Stadion, Domherr.

Juli 1642 bis 1650, Philipp Anton Voith von Rienegkh, Domherr, wurde 1653 Biſchof von Bamberg † 3. Februar 1672.

1651, Vicedom-Verweſer.

1652 bis zu ſeiner Wahl zum Biſchofe von Bamberg, 22. März 1672, Peter Philipp von Dernbach, † 22. April 1683.

1672 bis zu ſeinem Tode 30. November 1692, Franz Otto Kottwitz von Aulenbach, Domherr.

1693 bis Juli 1696, Georg Wilhelm Caſimir Schuzbahr, genannt von Milchling, Domherr.

Oktober 1696 bis zu ſeinem Tode 10. September 1710, Johann Wolfgang von Wallenfels, Domherr.

December 1710 bis Juni 1712, Jobſt Bernhard von Auffeſs, Domherr.

1712 bis 1734, Philipp Ernſt Grofs, Freiherr von Trockau, Domherr, Geheimer Rath.

1734 bis Juni 1738, Vicedomamts-Verwalter.

Juni 1738 bis 1745, Georg Andrä Joſeph Graf von Chriſtallnigg, kaiſerlicher Oberbergmeiſter in Kärnten, regierte von ſeinem Schloſſe Eberſtein aus, † Februar 1747.

1746 bis zum Verkaufe an den öſterreichiſchen Staat, 5. Mai 1759, Johann Philipp Anton Horneck, Freiherr von Weinheim, Domherr und Geheimer Rath, geſtorben zu Bamberg am 10. Februar 1768.